회사에서 몰래 보는
일잘러의 AI 글쓰기

회사에서 몰래 보는
일잘러의 AI 글쓰기

피넛·한준구 지음

아직도 퇴근을 못 한 당신에게

이 책을 집어 든 당신, 요즘 제때 퇴근하시나요? 저는 '일을 쳐낸다'라는 표현을 썩 좋아하지 않지만, 때때로 업무 중에 끝없이 밀려오는 일을 쳐내다 보면 하루가 후딱 가 버리기도 합니다. 그렇게 퇴근한 날이면 기진맥진해서 다른 일을 할 엄두는커녕, 그대로 잠들기에 바쁩니다. 그리고 눈 뜨는 순간, 또다시 하루가 시작됩니다. 물론 훌륭한 동료들과 함께 성장하며, 생계를 이어갈 수 있는 일에 감사함을 느낄 때도 많습니다. 하지만 아무리 열심히 일을 해도 끝없이 쏟아지는 업무에 지쳐가는 것도 사실입니다. 우리 모두 낮에는 일을 열심히 하고, 저녁에는 집에 가서 쉬며 나만의 시간을 보내고 싶습니다. 넷플릭스도 보고, 청소도 하고, 운동도 하고, 책도 보고, 반려동물과 놀아도 주고, 살림과 육아도 해야 하는 등 너무너무 할 일이 많습니다. 그런데 정작 회사 일을 하느라 내 일을 하나도 하지 못한다면, 어느 순간 삶의 이유를 심각하게 고민하게 되지요.

주말이면 소파와 한 몸이 돼서 문밖에는 한 발짝도 나가지 않는 사람도 많을 거예요. 그런데 게으른 사람들이 훨씬 일의 효율에 관심이 많다는 거 알고 있나요? 게으른 사람들은 최소한의 시간으로 최대의 효과를 내고 싶어 하기 때문에 가장 효율적인 방법을 찾는 데 혈안이 된답니다. 저 역시 게으른 편이지만, 사실 우리는 모두 조금 더 게을러지고 싶고, 또 그런 시간이 필요합니다. 적은 시간과 노력으로 더 많은 일을 해내고, 나머지 시간을 자신만의 즐거움으로 채우고 싶은 마음은 누구나 같을 거예요.

이 책은 '글은 매일 써야 한다'라거나 '중언부언하지 않게 써라' 하고 조언하는 글쓰기 책이 아닙니다. 총론적이고 개념적인 내용보다는 현실에서 일어날 법한 일을 예로 들어, 정말 실무에 도움이 될 만한 가장 효율적인 업무 방법을 담으려고 노력했습니다. 또한 최근에 많이 언급되는 AI를 업무에 활용하는 방법도 소개합니다. 챗GPT, 클로드, 퍼플렉시티, 제미나이 등 여러 AI 도구들이 주목받고 있지만 실제 업무에 어떻게 적용해야 할지 막막할 때가 많습니다. 그럴 때 이 책에서 알려주는 AI 활용법을 참고해 보세요.

여러분이 더 빨리, 더 효율적으로 완벽하게 일을 마치고, 소중한 여가 시간을 늘릴 수 있도록 도와드리고 싶은 마음이 고스란히 이 책에 담겨 있습니다. 게으른 제가 퇴근 후 게으른 삶을 살기 위해 회사에서 최고의 효율을 찾아 끊임없이 고민한 기록이기도 합니다.

일찍 퇴근하고 내 '일'을 해요!

하루가 다르게 새로운 AI 도구가 쏟아져 나오는 시대입니다. 많은 직장인이 이런 급격한 변화에 적응하지 못할까 봐 불안해합니다. 하지만 걱정하지 마세요. AI는 우리의 경쟁자가 아닙니다. 오히려 우리의 업무 능력을 한 단계 끌어올려 줄 든든한 조력자입니다.

이 책은 여러분이 AI를 활용해 일의 생산성을 높이고, 더 빠르고 스마트하게 일하는 방법을 알려드립니다. 가볍게 읽다 보면 어느새 일 잘한다고 소문난 직장인이 되어 있을 거예요. 우리가 원하는 건 단순히 '일하기 싫다, 야근하기 싫다'는 게 아닙니다. 일과 삶의 균형을 찾고, 자신을 위한 소중한 시간을 확보하는 것이지요.

퇴근 후의 시간은 단순한 휴식 그 이상의 의미를 지닌다고 생각합니다. 자신을 돌보고, 재충전하며, 더 나은 내일을 준비하는 귀중한 시간입니다. 운동을 하거나, 좋아하는 취미를 즐기거나, 단지 여유를 만끽하는 것만으로도 우리의 삶은 한층 풍요로워질 것입니다. 이 책을 통해 조금이라도 더 일찍 퇴근하고, 여러분 자신만의 시간을 누리길 진정으로 바랍니다.

지은이 **한준구, 피닛**

퇴근 후에 할일들

누워서 티비 보기

넷플릭스 보기

청소하기

요가하기

어휘 공부하기

화분 손질하기

반려동물 놀아주기

독서하기

아이 돌보기

이 책을 보는 법

AI 채팅창에 입력할 프롬프트는 이렇게 '파란색 상자'에 넣었어요.
혹시라도 이 책에 나온 내용과 비슷한 업무가 있다면,
이 프롬프트들을 활용해 나만의 프롬프트를 만들어 보세요.

> "오류가 발생했습니다"를 조금 더 친절하고 말랑말랑하게 바꾸고 싶어. 대체할 수 있는
> 말 10개 부탁해.

프롬프트를 입력해서 나온 AI의 답변은 '회색 상자'에 넣었어요.
이 책에 나온 프롬프트를 AI에 입력했을 때 늘 같은 결과가 나오진 않아요!

> 1. "죄송합니다. 잠시 오류가 발생했습니다."
> 2. "일시적인 오류가 발생했습니다, 양해 부탁드려요."
> 3. "잠시 서비스 이용에 문제가 있어요, 불편을 드려 죄송합니다."
> 4. "서비스 이용 중 문제가 발생했습니다, 잠시만 기다려 주세요."
> 5. "일시적 오류 발생으로 불편을 드려 죄송합니다."

파란색 상자에 들어 있지 않은 본문 속 프롬프트들은 이렇게 굵은 글씨로 표기해 뒀어요.
필요하다면 이 프롬프트를 요렇게 조렇게 바꾸고 교체하며 최대한 활용해 보세요!

조금 더 스토리를 보충하려면, **"브랜드 스토리 부분에서 대표
의 개인적인 고민 부분을 조금 더 구체적으로 작성해 줘"**, **"다른
내용은 빼고 브랜드 스토리 부분만 다시 작성해 줘"** 하고 요청
하거나 **"조금 더 고객들이 공감할 만한 내용으로 보충해 줘"** 하고
프롬프트를 수정하며 보강할 수 있습니다.

오, 꽤
그럴싸한 결과가
나오는데!

캐릭터 소개

피넛

주니어 사원으로 업무에 서툴지만, 열정이 넘친다. 무슨 일이든 '넵!' 하고 받아주기 때문에 만만한 땅콩이라 '피넛'이 되었다는 썰이 있다. 언제나 칼퇴를 꿈꾼다.

집에 가고 싶어요….

강팀장

무슨 이유에선지 사원들을 집에 가지 못하게 하는 팀장님. 항상 못마땅한 표정으로 피넛을 바라본다. 원래는 엄격하지만 공정한 팀장님이었다는데, 지금은 항상 불만 가득한 화난 모습이다. 직원들에게 일 시키는 재미로 회사에 온다는 소문이 있다.

빨리빨리 해!

코난쌤

피넛이 어려움을 겪을 때마다 나타나는 도우미 요정으로, 지혜롭고 긍정적인 조언을 해준다. 업무 자동화 툴이나 AI를 활용한 꿀팁으로 피넛이 칼퇴할 수 있게 도와준다.

우린 할 수 있어요!

양사수

강한 사람에게 약하고, 약한 사람에게 강한 '강약 약강'의 표본. 피넛의 사수이지만 일을 제대로 알려주지 않은 채 일을 떠넘긴다. 팀장님의 화난 표정을 재빨리 캐치해서 불똥이 튀지 않게 피하는 스킬을 보유했다.

얼마나 잘하나 보자!

출근 첫 날

차례

프로 퇴근러를 위한 기초 체력 다지기

2장

퇴근을 당기는 초고속 데일리 업무 스킬

3장

성과로 이어지는 고객 접점 글쓰기

4장

팀장님의 잔소리를 피하는 업무용 글쓰기

5장

팀장님이 '엄지척' 하는 기획서, 보고서 작성법

 **6장**

NEXT STEP으로 나아가는 글쓰기

프로 퇴근러를 위한
기초 체력 다지기

새로운 기술을 두려워하지 말자

많은 업무에서 AI를 비서처럼 쓸 수 있다는데, 사실 아직은 인공지능이 조금 낯설어요. 어떻게 활용해야 하나요?

AI를 잘만 활용하면 업무 능력이 무한대로 향상된다는 사실! 자, 지금부터 차근차근 시작해 볼까요?

직장인이 AI를 꼭 알아야 할까?

요즘에는 어딜 가나 AI 이야기가 빠지지 않습니다. 다들 AI를 활용해서 뭔가를 만들고 업무에 적용하며 또 AI로 인해 미래가 바뀐다는데, 당장에 내 삶은 딱히 변한 게 없는 것 같습니다. 나만 빼고 다른 사람들은 다 앞서 나가는 것 같고, 왠지 자신만 제자리인 것 같이 느껴질 때도 있어요.

늘 일에 치이고 시간에 쫓겨서 체력은 부족한데 AI까지 배워야 한다는 사실이 부담스러울 수 있습니다. 세계적인 전략 컨설팅 기업인 보스턴컨설팅 그룹BCG은 생성형 AI가 직원의 생산성 향상뿐만 아니라 업무 수행 역량까지 확대한다는 연구 결과를 발표했습니다. 보고서에 따르면 생성형 AI를 사용하는 직원은 생성형 AI를 사용하지 않은 직원보다 훨씬 더 높은 성과를 냈다고 합니다. 반복적이고 시간이 많이 걸리는 업무를 AI로 자동화하는 것은 물론, 새로운 업무에 대한 역량도 즉각적으로 확장할 수 있기 때문입니다. 그래서인지 온갖 뉴스와 미디어에서 AI에 대한 기사와 콘텐츠가 쏟아지고 있습니다. 그런데 정작 AI를 사용하는 사람은 우리나라 국민 10명 중 한 명에 불과하다고 해요.

어렵고 장벽이 높게만 느껴지는 인공지능이지만, 지금부터 업무에 밀접하게 사용할 수 있는 것부터 쉽고 빠르게 익혀 봅시다. 여러분은 이 책을 집어

든 것 만으로도 출발 선상에 선 것입니다. 이 책을 통해 익힌 AI가 우리의 업무와 삶을 더 윤택하고 효율적으로 만들어줄 것입니다. 반복적이고 지루한 작업을 AI로 자동화한다면, 우리는 조금 더 깊게 고민해야 하는 중요한 문제에 집중할 수 있습니다. 쏟아지는 뉴스 기사와 SNS의 과장된 내용들에 휘둘리지 말고, 내가 할 수 있는 것부터 차근히 해봅시다.

여러분은 이미 AI와 친해지기 시작했다고요!

배워볼 만한 AI 신기술

체력이 좋지 않은 사람들이 갑자기 무리한 하드 트레이닝을 시작하면 오히려 몸이 받아들이지 못하고 아프거나 다칠 수 있어요. 그래서 약골들은 처음에 걷기나 가벼운 뛰기부터 시작하는 게 좋습니다. AI 기술도 갑자기 너무 어려운 업무부터 도전하기보다 작은 것부터 시작해 보세요. 기술의 원리나 역사, 배경보다는 당장 우리가 하는 일에 어떤 도움이 되는지부터 알아봅시다.

먼저 음성인식 기능을 이용해 메모를 해보거나, 챗GPT에 간단한 질문 혹은 요약이나 정리를 맡겨보는 일부터 시도해 봅시다. 그 전에 자기 업무에 적합한 AI를 찾고, 해당 AI에 로그인하는 과정도 필요합니다.

AI, 처음에는 어렵지만, 익숙해지면 그 어떤 기기보다 편리해요!

기술을 배우는 과정에서 실패를 두려워하지 마세요. 내가 원하는 결과가 바로 나오지 않더라도 그 안에서 분명히 배우는 게 있습니다. '이렇게 요청하면 답이 잘 안 나오네. 다음에 이렇게 요청해 볼까?' 하고 실패를 통해 더 연구하고 성장하는 과정이 중요합니다. 그러니 절대 중도에 포기하지 마세요. 실패와 시행착오는 더 큰 성장을 위한 밑거름입니다.

챗GPT 회원 가입을 하려면?

최근 챗GPT가 업데이트되어 로그인 없이도 간단한 대화가 가능해요. 그러나 이전 대화를 저장하여 다시 보거나 최신 모델과 다양한 기능 및 GPTs(맞춤형 GPT)를 사용하기 위해서는 챗GPT 공식 홈페이지chatgpt.com를 통해 회원 가입을 하는 게 좋습니다.

챗GPT 회원 가입은 크게 이메일을 이용하는 방법과 구글, 마이크로소프트, 애플 계정을 이용하는 방법이 있습니다. 이중 가장 간편한 방법은 구글 계정으로 가입하는 거예요. 만약 구글 계정이 없다면 이번 기회에 만드는 것을 추천합니다. 대부분 서비스가 구글 로그인을 지원하기 때문에 구글 계정은 인터넷 세상에서 여권과도 같아요. 최신 모델 사용과 모든 기능을 원활하게 사용하려면, 유료 버전(월 20달러)을 구독하세요.

업무용 글쓰기에 적합한 AI

업무에 필요한 글을 쓸 때 가장 적합한 AI 도구가 대체 뭘까요?

우리가 흔히 아는 챗GPT 외에도 회사별로 자체
인공지능 모델을 만들어서 AI 도구는 아주 다양해요.
자주 사용하는 모델을 중심으로 알아볼까요?

특징별로 다양한 AI 서비스

우리를 도와줄 AI의 종류는 매우 다양합니다. 직장인들이 AI를 가장 많이 활용하는 분야는 단연 글쓰기, 즉 텍스트를 새로 만들거나 정리 혹은 분류하는 용도입니다. 가장 유명한 챗GPT_{ChatGPT}를 포함해 글쓰기에 인기 있는 서비스는 클로드_{Claude}, 클로바 X_{clova x}, 제미나이_{Gemini} 등이에요. 이들 서비스는 각자 고유한 특징이 있는데, 자세히 한번 알아볼까요?

먼저 챗GPT는 오픈AI_{Open AI}라는 회사에서 만든 AI 도구로 추론 능력이 뛰어나고 사진이나 영상의 내용도 이해할 수 있는 현재 가장 똑똑한 친구입니다. 방대한 데이터를 학습해서 맥락이나 인과관계를 파악하는 데 뛰어난 챗GPT는 답변이 논리적이고 일관성이 있지요. 그러니 학술 논문이나 보고서처럼 논리적인 구조와 설득력 있는 주장이 필요한 글을 쓸 때는 챗GPT를 활용하는 것이 좋습니다. 또한, 최근 업데이트된 챗GPT는 창의적인 글쓰기에도 뛰어나며, 코드도 잘 짜고, 데이터도 잘 분석합니다. 예를 들어, 직장에서 연구 보고서를 작성하거나, 창의적인 기획안을 작성할 때 챗GPT가 큰 도움이 될 거예요. 즉 챗GPT는 두루두루 모든 일을 잘하는 만능 AI라고 할 수 있습니다.

제미나이는 구글에서 만든 AI입니다. 구글의 다른 서비스인 검색, 지메일

gmail, 구글 독스 google docs와 함께 사용할 수 있습니다. 구글의 다양한 검색 서비스를 바탕으로 조금 더 신뢰 있는 답변을 주는 편이에요.

클로바 X는 네이버에서 개발한 AI로 한국어 처리에 뛰어납니다. 그래서 대화체나 구어체 문장을 자연스럽게 구사합니다 "오늘 저녁에 뭐 먹을까?" 대신 '저메추(저녁 메뉴 추천)'라는 줄임말로 질문해도 찰떡같이 알아들어요. 그래서 한국어로 된 블로그 포스트나 마케팅 자료를 작성할 때 유용합니다.

> 오늘 저녁은 치킨 어때?
>
> 답변 : 오저치고 (오늘 저녁은 치킨 고)

클로드는 미국 AI 스타트업인 앤트로픽Anthropic이라는 회사에서 개발한 AI입니다. 앤트로픽은 오픈AI의 전 직원들이 모여 설립한 회사인데 아마존과 구글에서 투자를 많이 했다고 합니다. 클로드는 챗GPT처럼 창작도 잘하고 무엇보다 글쓰기에 특화되어 있어요. 처리할 수 있는 글의 양도 많아서 긴 글을 처리할 때 편리합니다.

퍼플렉시티도 오픈AI 출신의 엔지니어들이 모여 만든 서비스입니다. 다른 AI들이 창작에 강하다면, 퍼플렉시티는 검색 기반의 출처가 있는 정보를 제공하기를 잘합니다. 편향성을 제거하고 투명성 있는 답변을 중시하는 것으로 알려졌고, 아마존의 창업자인 제프 베이조스 Jeff Bezos, 엔비디아 NVIDIA, SK텔레콤이 투자한 서비스로도 유명합니다. 그 외에도 마이크로소프트의 코파일럿Copilot, 메모 프로그램으로 인기 있는 노션Notion도 AI를 도입했어요. 우리나라의 스타트업 서비스인 뤼튼wrtn 은 선생님들이 많이 쓰는 AI 도구이기도 합니다.

뤼튼은 국내
SNS 계정으로 로그인이 가능해
접근성이 좋아요!

글쓰기에 유용한 AI 도구

이름	설명	개발사	주요 투자자
챗GPT	맥락을 잘 이해하고 대부분의 답을 잘하는 만능 AI	오픈AI	마이크로소프트
제미나이	구글 서비스와 연계 활용이 가능	구글	구글
클로바 X	한국어에 특화	네이버	네이버
클로드	긴 문장에 대한 처리가 가능하고 글쓰기를 잘함	앤트로픽	아마존, 구글
퍼플렉시티	검색을 바탕으로 답변을 생성하고 출처를 표시	퍼플렉시티	제프베조스(아마존 창립자), 엔비디아, SK텔레콤

그 밖에도 이미지나 영상, 3D를 만들어주는 AI도 있습니다. 이처럼 다양한 서비스의 기반이 되는 여러 인공지능 모델이 있으며, 업무의 성격에 따라 적절한 도구를 선택하면 효율적인 업무가 가능합니다.

업무가 미친 듯이 몰아쳐 누군가에게 도움이라도 받고 싶을 때, AI가 든든한 동료이자 보조가 되어 줍니다. 프로젝트 제안서나 기획서와 같이 구조화된 글쓰기부터 메일이나 문자 같은 말랑말랑한 글쓰기까지 AI와 함께 헤쳐나가 봅시다!

무엇을 도와드릴까요?

오, 놀라운 AI의 능력!

눈부셔!

'프롬프트'라는 말에 겁먹지 말자

AI를 잘 쓰려면 프롬프트를 알아야 한다고요?
'프롬프트'가 뭔지 쉽고 빠르게 알려주세요!

프롬프트는 AI에게 일을 시키는 명령어예요.
예를 들면 팀장님이 '기획서 써 와!' 하고 우리에게 명령하는 것처럼
우리도 AI에 '이런 일을 해 와!' 하고 요청하는 거랍니다.

프롬프트에 익숙해지기

AI가 많은 것을 해준다는 것은 알겠는데, 어떻게 일을 시켜야 할지 처음에는 난감할 거예요. 막상 AI 채팅창에 무엇을 물어봐야 하나 막막할 수도 있습니다.

우리가 네이버나 구글 검색창에 입력하는 단어를 '검색어'라고 하듯이, AI 대화창에 채팅 형태로 하는 질문을 '프롬프트 Prompt'라고 합니다. 보통 검색어는 명사

수리수리~
내가 시키는
일을 해랏!!

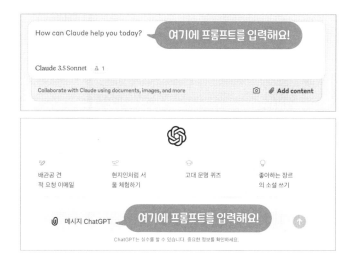

형태로 '맛집', '강남 맛집'처럼 활용하는 데 비해 '프롬프트'는 말하듯이 질문할 수 있다는 것이 차이점이에요.

예를 들어, AI 채팅창에 '**회사원 6명이 평일 오후 7시에 강남역 근처에서 식사할 예정이야. 조용히 대화할 수 있는 강남역 맛집을 알려 줘**'라고 요청해도 잘 알아듣습니다. 이처럼 사람에게 말하듯 질문해도 됩니다. 즉 프롬프트는 AI에 특정 작업을 수행하도록 지시하는 '명령어'라고 생각하면 돼요. 이 프롬프트를 이용해 사람과 AI가 소통하는 것이지요.

프롬프트는 AI가 어떤 내용을 출력해야 할지 알려주는 역할을 합니다. 동물을 잘 다루는 사람을 조련사라고 하듯이, 인공지능을 프롬프트로 잘 다루는 사람을 '프롬프트 디자이너', '프롬프트 엔지니어'라고 불러요. 다시 말해서 '프롬프트는 인공지능에 하는 질문'이라고 할 수 있어요.

프롬프트는 명령어, 입력 데이터 그리고 때에 따라 출력 예시로 구성되는데, AI는 추론을 통해 의도를 파악하고 적절한 응답을 생성합니다. AI는 요청 사항에 따라 역할이 변하는 '메타몽(어떤 포켓몬으로든 변신하는 남다른 개

성을 가진 포켓몬)'과 같아서 메타몽을 변신시키는 주문 즉, 정확하고 구체적인 지시가 중요합니다. 어떻게 질문하냐에 따라 그 답변이 천차만별이기 때문이지요.

명확한 지시를 좋아하는 AI

신입사원에게 일을 시킬 때는 명확하고 구체적인 지시가 필요하듯이 인공지능에 일을 시킬 때도 마찬가지입니다. 그러면 신입사원에게 먼저 일을 시켜봅시다.

신입사원에게 일 시키기

> **나쁜 예:** ○○ 씨, 회의 자료 복사해 줘요.
>
> **좋은 예:** ○○ 씨, 마케팅 전략 회의 자료를 문 옆에 있는 복사기를 사용해서
> 30부 복사하고, 1 회의실로 가져다주세요.

이렇게까지 자세하게 업무를 지시할 바에야 직접 하는 게 편하겠다는 생각이 들 수도 있습니다. 하지만 이렇게 하나씩 일을 시키다 보면 언젠가는 신입사원들도 알아서 모든 일을 해냅니다. 신입사원이나 AI 모두 처음에는 지시를 정확히 이해하고 수행하는 데 시간이 걸리기 마련입니다. 그러나 처음에 명확하게 지시하면 일의 수준과 효율성이 높아지면서, 이후에는 더 적은 설명으로도 업무를 잘 해낼 수 있게 됩니다. 예를 들어, AI에 일을 시킬 때 **"이번 달 판매 보고서를 작성해 줘"**라는 지시 대신, **"이번 달 판매 보고서를 작성해 줘. 보고서에는 주간별 매출 데이터와 주요 제품 판매량, 그리고 월말 총매출 비교표를 포함해 줘"**라고 구체적으로 요청하면, 더 나은 결과를 얻을 수 있습니다.

이처럼 세부적인 요청으로 상대방이 더 빠르고 정확하게 업무를 수행하도록 하는 것이 결국 내 업무 부담을 줄이고, 내가 더 중요한 일에 집중할 수 있는 시간을 버는 길이지요. 그러니 조금 더 시간을 투자해서 명확한 지시를 내리는 습관, 즉 프롬프트를 구체적으로 쓰는 습관을 들이는 것이 좋습니다.

구체적인 프롬프트를 작성

명확한 지시를 내리는 것도 나름의 기술이 필요합니다. 먼저 머릿속 생각을 잘 정리한 후 글로 표현하는 게 좋습니다. 자기 생각을 종이에 직접 적어

봐도 좋고, 그림으로 그려도 좋습니다. 이때 일의 순서를 '플로차트(순서도)'로 표현하면 한눈에 생각이 정리됩니다.

예를 들어, 회의를 준비한다면 일의 순서를 '① 회의 주제를 정한다 ② 참석자 명단을 작성한다 ③ 회의 일정을 공지한다 ④ 회의 자료를 준비한다 ⑤ 회의를 진행한다'로 정리할 수 있습니다. 이처럼 앞에 숫자를 붙여서 정리하면, 단계에 따라 순서대로 해야 할 일들을 나열하기에 좋습니다.

이런 프로세스 정리는 AI를 활용하면 좋습니다. 이레이저eraser.io나 엑스칼리드로우excalidraw.com의 AI 다이어그램AI Diagram 기능을 활용하면 간단한 프롬프트만으로도 그럴싸한 순서도를 얻을 수 있답니다. 이번에는 좀 더 자세한 프롬프트를 사용해서 판매 보고서를 작성하라고 요청했습니다.

> 이번 달 판매 보고서를 작성해 줘. 보고서에는 주간별 매출 데이터와 주요 제품 판매량, 월말 총매출 비교표를 포함해 줘. 결과는 한국어로 나와야 해.

이렇게 요청했더니 '주간 판매 데이터 수집 → 주요 제품 판매 데이터 수집 → 월간 총판매 데이터 수집 → 주요 판매 데이터 작성 → 월간 판매 비교 작성'의 순서도 다이어그램을 뚝딱 그려주었습니다.

순서도가 있으면 일의 맥락이 한눈에 보인다고!

앞에서 작성한 프롬프트에는 보고서에 포함되어야 할 내용을 구체적으로 언급했습니다. 하지만 실제 AI가 생성한 다이어그램을 보면, 프롬프트에는 없던 '데이터 수집' 과정이 추가된 것을 확인할 수 있어요. 이는 프롬프트에 '데이터 수집' 과정이 생략되어 있어서 인공지능이 프롬프트를 입력받았을 때 자의적으로 해석하여 데이터 수집 방식을 결정했기 때문입니다. 물론 이런 과정에서 의도치 않은 결과가 나오거나 부정확한 데이터로 인해 심각한 오류가 발생할 가능성도 있습니다. 이러한 문제를 방지하기 위해서는 결국 AI에 최대한 명확하고 구체적인 지시를 내리는 것이 중요합니다.

명확하게 주문을 외우듯!
참깨빵 위에, 순 쇠고기 패티 두 장
특별한 소스 양상추
치즈 피클 양파까~지~ 🎵

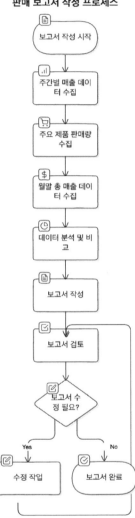

판매 보고서 작성 프로세스

보고서 작성 시작

주간별 매출 데이터 수집

주요 제품 판매량 수집

월말 총 매출 데이터 수집

데이터 분석 및 비교

보고서 작성

보고서 검토

보고서 수정 필요?

Yes — 수정 작업

No — 보고서 완료

AI에 일 시키는 프롬프트 작성법

AI가 내 말을 찰떡같이 알아듣게,
그러니까 일을 잘하게 만드는 프롬프트 작성법이 알고 싶어요!

모든 협업은 의사소통이 중요해요. 프롬프트라고 무조건
길게 써야 좋은 것은 아니에요. 사용자가 똑똑하게 질문하고
명령해야 하지요. 그 비법을 알아볼까요?

입력값과 명령어를 구분하자

프롬프트를 잘 쓰는 첫 번째 방법은 입력값과 명령어를 구분하는 거예요. 입력값이 회사원 메타몽에게 줄 자료에 해당한다면, 명령어는 메타몽에게 해야 할 일을 지정하는, 즉 메타몽을 변신하게 만드는 주문에 해당합니다.

입력값과 명령어를 쉽게 구분하기 위해 기호를 사용할 거예요. 기호는 컴퓨터 자판의 제일 왼쪽 상단의 물결표 아래 있는 백틱(')과 큰따옴표(")를 사용합니다. 최근 모델이 똑똑해지면서 입력창에 줄바꿈만 하더라도 입력값과 명령어를 잘 구분합니다. 이처럼 둘을 잘 구분하기만 해도 결과물의 품질이 매우 좋아진답니다. 다음 프롬프트에서 '기사 내용'은 입력값이고, '3줄로 요약해 줘'는 명령어에 해당해요.

작은따옴표(')는 코드에서 문자를
구분하는 용도로 주로 사용해서
종종 오류가 나니 구분자로
잘 사용하지 않아요.

"""" 기사 내용 """"
3줄로 요약해줘.

기사 내용을 붙여 넣어요!

뚜렷하고 구체적으로 쓰자

프롬프트를 잘 쓰는 두 번째 방법은 앞에서도 강조했지만 '구체적으로 작성하는 것'입니다. 초등학교 1학년 아이에게 설명하듯 매우 자세하게 요구해야 합니다.

AI는 눈치껏 하는 사람과 달리 세세한 지시가 필요해요.

간단한 프롬프트: 업무일지 작성해 줘.
자세한 프롬프트: 오늘의 업무일지를 작성해 줘. 다음 단계에 따라 작성해.
　　　　　　　　 1. 주요 작업 내용 2. 진행 상황 3. 완료된 작업 4. 다음 단계 계획

간단한 프롬프트: 프레젠테이션 준비해 줘.
자세한 프롬프트: 다음 주 월요일 회의용 프레젠테이션을 준비해 줘. 주제는 '육아 신제품 출시 전략'이고, 다음 단계에 따라 작성해.
　　　　　　　　 1. 데이터를 수집해서 시장 분석하기 2. 타깃 고객 연령대 조사하기
　　　　　　　　 3. 경쟁사 비교하기 4. 마케팅 전략 세우기 5. 예상 매출 추측하기

'자세한 프롬프트'처럼 우리가 원하는 결과물에 대해 구체적이고 세세하게 지시하는 것이 AI의 성능을 극대화하는 열쇠입니다. 또한, 이렇게 단계를 나눠 주면 각 단계를 차례대로 수행하기 때문에 해야 할 내용을 빠뜨리지 않습니다. 좀 더 나은 답변을 위해서는 글의 분량, 톤앤매너, 활용 목적 등을 프롬프트에 반영하는 것도 좋은 방법이에요.

이런 구체적인 요구사항을 담은 프롬프트일수록 AI가 만들어내는 글은 우리에게 필요한 완성도 높은 결과물에 가까워집니다.

출력 예시를 제공하자

AI에 출력 예시를 제공하면 원하는 결과물을 얻을 확률이 크게 높아집니다. 출력 예시는 AI가 작성해야 하는 글의 형태와 스타일을 명확하게 이해하도록 도와줍니다.

> 상사에게 프로젝트 진행 상황을 보고하는 이메일을 작성해 줘. 이메일에는 인사말, 프로젝트 현황과 주요 이슈, 다음 계획을 포함하고 마지막 인사도 잊지 말아줘.
> 다음 예시를 참고해 :
> "안녕하세요! 부장님, 프로젝트 A의 진행 상황을 보고드립니다. 현재 70% 완료되었으며, 일정 지연 문제가 있습니다. 다음 주까지 추가 인력을 투입하여 만회할 계획입니다. 궁금하신 점 있으시면 연락 주십시오. 감사합니다."

이처럼 프롬프트 사용에 익숙해질수록 AI의 활용 범위는 무궁무진해집니다. 일상적인 글쓰기는 물론, 창의적인 스토리텔링이나 마케팅 아이디어 발굴 등에서도 AI의 힘을 효과적으로 끌어낼 수 있답니다.

프롬프트 관리로 효율을 높이자

자주 사용하는 프롬프트는 어떻게 관리하는 게 좋나요?

잘 만들어 둔 프롬프트를 한 번만 사용하고 버리기에는 무척 아까워요. 프롬프트를 만들면 잘 저장해 두었다가 그걸 다시 쓰고, 고쳐 쓰고, 이어 쓰는 등 다방면으로 활용할 수 있지요!

재활용하자, 프롬프트

AI를 효과적으로 다룰 수 있는 자주 쓰는 프롬프트를 많이 알고 있으면, 일을 할 때 천군만마를 얻은 것과 같습니다. 그래서 한번 만든 프롬프트는 재사용할 수 있게 따로 모아둡니다. 공들여 잘 만든 프롬프트는 한 번 쓰고 버리기에는 너무 아깝습니다. 비슷한 작업을 할 때 활용하면 시간을 더욱 아낄 수 있어요. 이미 작성한 프롬프트 중에서 결과물이 우수했던 것들을 따로 모아둔다면, 필요할 때 언제든 다시 사용할 수 있습니다.

물론 약간의 수정은 필요합니다. 예를 들어, **"제품 A에 대한 홍보 문구를 작성해 줘"**라는 프롬프트를 사용했다면, 이번에는 이 프롬프트를 바탕으로 다른 프롬프트를 만들어내는 방식입니다. 이 역시 AI에 프롬프트 작성을 요청할 수 있지요.

내가 {좋은 프롬프트} 예시를 줄거야. {필요한 프롬프트}를 {좋은 프롬프트} 스타일로 수정해줘.

좋은 프롬프트 = """ 너는 탈모 예방 샴푸를 홍보하는 카피라이터야. 우리 샴푸는 특허 성분으로 모발을 강화하고, 두피를 건강하게 유지해. 고객이 제품의 장점을 잘 이해하고 구매를 유도할 수 있는 효과적인 홍보 문구를 작성해 줘. """
필요한 프롬프트 = """ 다어어트 약에 대한 홍보 문구 작성 """

좋은 프롬프트 스타일을 활용하여 필요한 프롬프트를 수정한 결과는 다음과 같습니다: "너는 다이어트 약을 홍보하는 카피라이터야. 우리 다이어트 약은 천연 성분으로 안전하게 체중을 감량하고, 신진대사를 촉진하여 건강을 유지하는 데 도움을 줘. 고객이 제품의 장점을 잘 이해하고 구매를 유도할 수 있는 효과적인 홍보 문구를 작성해 줘."

합쳐보자, 프롬프트

때로는 두 개 이상의 프롬프트를 합쳐서 사용하면 더 나은 결과를 얻을 수 있어요. 각 프롬프트의 장점을 취하고, 단점을 보완하여 새로운 프롬프트를 만들어 봅시다. 예를 들어, **"A 주제에 대해 1000자로 요약해 줘"**와 **"마케팅을 위한 키워드를 뽑아줘"**라는 프롬프트를 합쳐서 **"A 주제에 대해 1000자로 요약하고, 마케팅을 위한 키워드를 뽑아줘"**라는 프롬프트를 만들 수 있습니다.

채워보자, 프롬프트

프롬프트에 빈칸을 두고 AI가 채우게 하는 것도 효과적인 프롬프트 활용법입니다. 이렇게 하면 AI가 맥락을 파악하고 적절한 단어나 문장을 생성할 수 있어요. 예를 들어, **"오늘의 날씨는 {   }입니다. 이러한 날씨에 적합한 옷차림은 {   }입니다"**와 같은 프롬프트를 제시하면, AI는 빈칸에 알맞은 단어를 채워 넣습니다.

프롬프트에서 빈칸은 혼돈을 줄 수 있는 괄호 ( )보다는 중괄호 { }를 사용하는 게 좋아요.

너의 답변에서 {추가}할 부분을 표시할 테니 그 부분을 보고 보충해줘.

종합 전략

- **기술 혁신과 신뢰 구축:** AI 기술을 활용한 혁신과 데이터 프라이버시 강화로 고객 신뢰를 확보합니다. {**추가**}
- **차별화된 콘텐츠와 창의적인 마케팅:** 독자 맞춤형 콘텐츠와 창의적인 마케팅으로 경쟁 속에서 두각을 나타냅니다. {**추가**}
- **디지털 트랜스포메이션:** 전통적인 출판 방식을 넘어 디지털 플랫폼을 적극 활용하여 새로운 시장을 개척합니다. {**추가**}
- **출판 업계 전략 총평:** {**추가**}

종합 전략

기술 혁신과 신뢰 구축: AI 기술을 활용한 혁신과 데이터 프라이버시 강화로 고객 신뢰를 확보합니다. 이를 통해 독자들에게 더 개인화된 경험을 제공하고, 장기적인 관계를 구축할 수 있습니다.

차별화된 콘텐츠와 창의적인 마케팅: 독자 맞춤형 콘텐츠와 창의적인 마케팅으로 경쟁 속에서 두각을 나타냅니다. SNS 및 디지털 미디어를 활용하여 독자와의 소통을 증진하고, 입소문 마케팅을 통해 자연스럽게 브랜드 인지도를 높입니다.

디지털 트랜스포메이션: 전통적인 출판 방식을 넘어 디지털 플랫폼을 적극 활용하여 새로운 시장을 개척합니다. 이 과정에서 전자책, 오디오북, 구독 기반의 온라인 서비스 등을 제공하여 독자의 다양한 요구를 충족시킵니다.

출판 업계 전략 총평: 기술 발전과 독자 니즈의 변화에 맞추어 지속적인 혁신을 이루는 것이 중요합니다. 시장의 빠른 변화에 발맞추어 콘텐츠 제공 방식을 유연하게 변화시키고, 독자와의 관계를 강화하는 전략이 앞으로의 성장을 좌우할 것입니다.

이어서 써보자, 프롬프트

AI에 글 일부를 제시하고 이어서 작성하도록 요청하면, 글의 흐름과 톤을
유지하면서 내용을 확장하는 데 도움이 됩니다.

> 앞으로 3개월 동안의 계획을 작성해 줘. 아랫글에 이어서 줄글로 작성해 줘.
> "우리 팀은 최근 큰 성과를 이뤘습니다. 예를 들어, 지난달에는 새로운 고객을 50명 유치
> 하였고, 다음 단계로"

> "다음 단계로 기존 고객과의 관계를 강화하는 동시에 잠재 고객을 발굴하는 것을 목표로
> 하고 있습니다. 앞으로 3개월 동안 우리는 먼저 기존 고객들의 만족도를 높이기 위한 피
> 드백 시스템을 구축하고자 합니다. 이를 통해 고객들의 의견을 적극 수렴하여 서비스 품
> 질을 향상시킬 계획입니다. 또한, 신규 고객 유치를 위해 마케팅 캠페인을 강화하고 소셜
> 미디어 활동을 적극 활용하여 브랜드 인지도를 높일 것입니다. 팀원들의 역량 강화를 위
> 해 정기적인 교육 프로그램을 마련하고, 프로젝트 진행 상황을 주기적으로 점검하여 목
> 표 달성을 위한 전략을 지속적으로 수정·보완할 것입니다. 이러한 노력으로 고객과의 신
> 뢰를 더욱 쌓고, 매출 증대와 팀의 성장에 기여할 수 있도록 최선을 다할 예정입니다."

패턴을 저장하자, 프롬프트

자주 쓰는 패턴이나, 사용해 보고 맘에 드는 프롬프트와 결과를 별도로
저장해 관리하는 것이 좋아요. 또 이런 내용은 챗GPT에서 제공하는 채팅
공유하기 기능을 이용하여 다른 사람과 공유할 수도 있습니다. 이때 자동으
로 공유 링크에 저
장되어 필요할 때
다시 꺼내볼 수 있
어 편리합니다.

노션에서도 대화 내용을 저장할 수 있어요.

또, 챗GPT의 답변 결과를 노션 페이지로 저장할 수도 있어요.

"ChatGPT to Notion add-in"을 설치하면 GPT 아이콘 밑에 다음과 같은 검정 핀 아이콘이 추가되고, 이 아이콘을 누르면 답변 결과가 노션 페이지 형태로 저장돼요.

노션에 프롬프트를 정리해두면 필요할 때 다시 꺼내서 사용하기 편리해요.

AI에도 한계가 있다는 사실!

생성한 글이 때때로 정확하지 않을 수 있다

AI는 학습하지 않은 정보를 요청받으면, 자신이 학습한 데이터를 기반으로 가장 유사한 결과를 내놓아요. 이때 추론에 의한 답변을 하므로 출처를 제공하지 못해요. 그래서 AI가 만든 결과물을 무조건 신뢰하기보다는 비판적으로 검토해야 합니다.

또한, 잘못된 데이터를 학습한 AI는 편향적인 결과를 낼 수 있습니다. 예를 들어, 간호사 이름을 물었을 때 대부분 여성의 이름이 나온다면, 이는 편향된 데이터에서 비롯된 문제이지요. 이런 데이터는 사회적 편견을 강화할 수 있어 주의가 필요해요. 데이터가 편향되어 있으면 AI는 특정 그룹에 대해 불공정한 결과를 생성할 수도 있습니다.

추론 과정에서 문제가 발생하기도 한다

추론 과정에서 AI는 전혀 근거 없는 답변을 생성하거나 특정 단어에 비정상적인 출력을 보일 수 있습니다. 또한, AI가 최신 정보를 반영하지 못할 수 있어요. 예를 들어, 회계 자료나 GDP 같은 통계 자료가 오래되었는데, 아직 AI는 이를 최신 정보로 착각할 수 있습니다. 이는 특히 경제, 금융, 법률 등의 분야에서 심각한 문제를 일으킬 수 있답니다. 그러니 최신 정보가 필요할 때는 AI가 제공하는 자료의 날짜를 확인하고, 최신 데이터와 교차 검증해야 해요.

지식 재산권 문제도 고려해야 한다

AI가 학습할 때 사용하는 데이터 중에 저작권이 있는 자료가 섞여 있을 수 있어요. 그래서 AI가 무심코 이런 자료를 사용해서 만든 콘텐츠가 저작권을 침해할 수도 있습니다. 그래서 법적인 문제가 생길 수 있답니다.

AI가 만든 콘텐츠를 쓸 때는 저작권을 잘 살펴봐야 하며, 필요하면 허락도 받아야 합니다. 지식 재산권을 침해하지 않으려면, AI가 학습한 데이터가 어디서 왔는지, 상업적으로 사용해도 되는지 등을 직접 확인하는 게 중요합니다.

AI로 생성한 자료의 책임은 사용자에게 있습니다. 그러니 이러한 점을 참고하고 비판적으로 검토한 후 수정하여 사용하기를 바랍니다!

음, 완전히
믿기에는 좀….

AI에 자기소개서를 부탁해 볼까?

　지금 취업이나 이직을 계획하고 있나요? 그렇다면 꼭 필요한 게 자기소개서 작성입니다. 자신을 잘 알리기 위한 자기소개서 작성은 늘 부담스러운 게 사실입니다. 이때 AI를 활용하면 자기소개서를 좀 더 쉽게 작성할 수 있습니다.

　먼저 자기소개서에 포함할 주요 내용을 정리합니다. 예를 들어, 경력, 학업 성과, 강점, 목표 등을 간단히 메모합니다. 그런 후 정리한 내용을 바탕으로 AI에 요청합니다. 예를 들어, **"나는 IT 분야에서 5년간 일한 경험이 있어. 이 경력을 바탕으로 자기소개서를 작성해 줘"** 처럼 구체적으로 요구합니다.

> 경영학을 전공하고 마케팅에 관심이 많은 신입 지원자의 입장에서 자기소개서 첫 문단을 작성해 줘. 800자 내외로 간결하면서도 솔직한 어투로 작성하고, 지원 동기와 강점을 드러내 줘.

이렇게 나온 결과에 필요한 내용을 추가하고 싶다면 다음과 같이 요청합니다.

> 앞서 작성한 초안에서 대학 시절 마케팅 공모전 수상 경험을 추가해 주고, 이 경험이 지원 직무와 어떤 연관성이 있는지 서술해 줘.

이처럼 AI와 주고받으면서 생성한 글이 어느 정도 완성되면, 문장을 검토하고 문법 오류, 의미 전달의 명확성, 표현의 적절성을 확인합니다. 그런 다음, 자기소개서의 각 문단을 자신의 스타일에 맞게 수정해요. AI가 생성한 내용이 100% 완벽하지 않을 수 있으므로 본인의 경험과 개성을 살려 문장을 다듬는 게 좋습니다. 그리고 최종적으로 작성한 자기소개서를 신뢰할 수 있는 사람에게 보여주고 피드백을 받으면 완성입니다.

이처럼 AI를 활용해 자기소개서를 작성하면 많은 시간을 절약할 수 있습니다. 그러나 AI가 작성한 내용을 무조건 신뢰하기보다는 자신의 경험과 개성을 살려 문장을 다듬는 것이 가장 중요하다는 사실을 잊지 말아야 합니다. AI가 도와줄 수 있는 부분과 본인이 직접 수정해야 할 부분을 잘 구분한다면 완성도 높은 자기소개서를 작성할 수 있답니다.

이 부분은 AI가 하고~

자세한 내용 보완과 수정은 내가 해야지!

2장

퇴근을 당기는 초고속 데일리 업무 스킬

'10분 컷'으로 회의록 작성하기

회의를 따라가기도 바쁜데, 기록까지 해야 하다니요!
그리고 다 같이 모여서 듣는데 각자 기록하면 되지,
왜 회의록이 필요한 거죠?

회의록은 결정사항을 정리하고 기록하기 위해 필요해요.
또 회의록을 직접 쓰면 회의 분위기와 업무 진행 방향도
금방 파악할 수 있어요. 단, 본 업무가 아닌 회의록을 쓰는
데 너무 많은 시간을 빼앗기면 안 되겠지요?

이 회의, 저 회의 그리고 또 회의

처음 입사했을 때 가장 놀란 부분이 '이렇게 회의를 많이 하면 일은 대체 언제 하는 거지?'라는 거였어요. 프로젝트 킥오프 회의, 기획 리뷰 회의, 이슈 공유 회의, 일간 스크럼 회의, 주간 회의, 브레인스토밍 회의 등 업무 시간에 다양한 회의가 마라톤처럼 이어지고 있었습니다. 회의 내용은 또 얼마나 따라가기 어려운지, 잘 모르는 기술 용어가 나와도 찾아볼 새 없이 다음 내용으로 진행되기 때문에 식은땀을 흘렸던 적도 있어요. 또, 아무 준비 없이 따라 들어간 회의에서 고개만 숙이고 있었는데, 갑자기 회의록을 작성해 달라는 상사의 말에 덜컥 가슴이 내려앉는 경우도 많았답니다.

다른 일에 치여 회의록을 미루고 미루다가 못 쓰면, 하필 '그때 회의에서 어떻게 결정이 되었죠?' 하고 묻는 사람이 나타나요. 이때 기억에 의존해 잘못 답하면, 결정 사항이 잘못 전달되어 프로젝트가 엉뚱한 방향으로 흘러갈 수 있습니다. 그렇게 프로젝트 관련자들이 하지 않아도 될 일을 추가로

만들고 나서야 눈물을 흘리며 깨달았습니다. '중요한 결정 사항을 헷갈려 일이 꼬이지 않게 해주는 게 회의록의 역할이구나!' 하고요. 모두가 같은 기억을 공유하기 위해서는 기록을 잘하는 게 무엇보다 중요했습니다.

회의록 어떻게 쓸까?

회의록은 회의 유형에 따라 다르지만, 일반적으로 회의록에는 회의 주제, 회의 일시, 참석자, 논의 내용, 결정 사항, 후속 조치가 들어갑니다. 회사의 정해진 양식이 있다면 회사 양식을 사용하고, 별도 양식이 없거나 찾기 어렵다면, 다음 양식을 활용해 보세요.

회의록 양식 샘플

> **회의 주제**(Agenda):
> **회의 날짜**(Date):
> **회의 참석자**(Attendees):
> **결정된 사항**(Decisions):
> **실행 항목**(Action Item):

마지막의 '실행 항목'이란 '결정된 사항에 대해서 누가 언제까지 무엇을 해야 한다'라는 내용입니다. 이 내용을 양식에 넣어두면, 회의할 때도 '그래, 이 부분만큼은 회의에서 확정해야 해!' 하고 챙겨야 할 부분을 놓치지 않을 수 있습니다. 다음은 양식에 맞게 회의 내용을 정리한 예시입니다.

양식이 있으니 회의록 작성도 할만 한데?

회의 주제: 홈 앱 화면 개편

회의 날짜: 2024. 6. 3(월)

회의 참석자: 김민준 님(PM), 이서윤 님(디자이너), 박지훈 님(백엔드 개발), 최유리 님
　　　　　　　(웹 프론트 개발), 김소희 님(iOS개발), 박수영 님(AoS 개발), 송서진 님(마케팅)

결정된 사항:

1. 홈 레이아웃 변경
   - 상단 배너 크기 축소 및 스크롤 방식 변경(무한 스크롤) 확정
   - 추천 상품 섹션 상단으로 이동
   - 카테고리별 아이콘 디자인 리뉴얼
2. 개인화 추천 기능 강화
   - 사용자 데이터 기반 맞춤형 알고리즘 개선／트렌드 반영
3. 프로모션 영역 개편
   - 시즌별 이벤트 섹션 신설

실행 항목:

1. 디자인팀
   - 변경된 레이아웃 시안 제작 (6월 10일까지)
   - 카테고리 아이콘 리뉴얼 작업 시작
2. 백엔드 개발 - 맞춤형 추천 알고리즘 PoC검토 (금주 중)
   - 신규 프로모션 영역 api 검토
3. 프론트, OS 개발
   - 레이아웃 시안 제작 후 화면 개발 착수
4. 마케팅팀
   - 신규 프로모션 영역 이벤트 기획안 작성 및 공유 (6월 10일까지)

회의는 다음과 같은 프로세스로 진행됩니다.

[회의 준비(회의 주제, 일정 등 공지)] → [논의 및 결론 도출] → [회의록 작성]

회의를 주최하는 호스트인지, 참석자인지에 따라서 회의 전에 준비해야 할 항목이 다릅니다. 회의를 소집하고 진행해야 하는 호스트라면 회의에 참석해야 하는 대상에게 시간과 장소, 회의 주제와 관련 문서를 미리 공유합니다. 사전 준비를 하지 않으면 회의 도중 엉뚱한 내용으로 튀어 회의가 산으로 가기 때문에 참석자들이 회의 주제에만 집중할 수 있도록 주제와 참고 자료를 준비해야 해요. 회의 참석자는 호스트가 준비한 자료를 읽어보고, 미리 팀의 방향을 정리하거나 질문해야 할 사항들을 체크해 두면 좋습니다.

회의가 진행되는 중에는 회의 과정에서 일어나는 중요 발언이나 결정 사항 등을 기록합니다. 만약 녹음이 가능한 회의라면, 음성을 텍스트로 변환해 주는 '클로바 노트Clova note' 같은 앱을 이용해서 녹음하고 회의록을 쉽게 작성하는 것도 방법입니다. 과거에는 음성을 잘못 인식하는 경우가 많았지만, 최근에는 딥러닝 기술 등의 발전으로 인식률이 꽤 높아졌습니다. 단, 음성 녹음에 대해 미리 회의 대상자들에게 동의를 구해야 하며, 앱으로 음성 녹음된 결과에 오류가 있을 수 있으니 꼼꼼히 확인해 봐야 해요.

클로바 노트로 회의록 쓰기

클로바 노트는 음성을 텍스트로 변경해 주는 기능을 제공해요. 음성을 텍스트로 변환하는 기술을 'STT Speech to Text'라고 합니다. 단둘이 대화하는 것뿐만 아니라, 말하는 사람 목소리의 특성에 따라 화자를 분리할 수 있어서 여러 명이 대화하는 것도 구분하여 텍스트로 잘 변환해 줍니다. 변환한 내용은 AI 기술을 활용해 요약도 할 수 있어요. 하지만 클로바 노트가 요약해 준 내용은 우리가 사용하는 회의록 양식과는 달라서 클로바 노트에서 요약한 내용을 그대로 회의록으로 사용하기는 어렵습니다. 그러나 약간의 가공을 거친다면, 다음과 같이 쉽게 회의록을 쓸 수 있어요.

먼저, 클로바 노트에서 텍스트로 변환된 내용을 추출해 주세요. 클로바 노트에서 '음성 기록'을 선택하면, 원하는 파일 형식 텍스트, 한글, 워드, 엑셀 등으로 음성 기록을 다운로드할 수 있습니다.

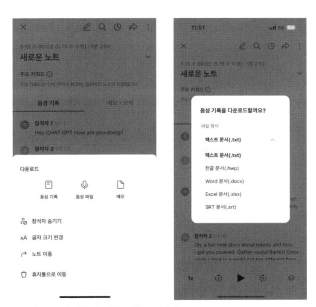

클로바 노트에서 음성 기록 다운로드하기

텍스트 파일 형태로 추출하고 챗GPT에 아래와 같이 입력해 주세요.

'''클로바 노트에서 추출한 회의 내용 텍스트'''

위 회의 내용을 참고해서 아래 회의록 양식에 맞춰 회의록으로 작성해 줘.
회의 주제: 회의 날짜: 회의 참석자: 결정된 사항: 실행 항목:

이렇게 명령할 때 '위 회의 내용'은 AI가 참고해야 할 데이터이고, 실제 명령어는 '회의록 양식에 맞춰 회의록을 작성해 줘'이지요. 참고 데이터와 명령어를 구분하기 위해서 구분 기호를 이용하여 앞뒤로 구분해 주었습니다. 구분 기호(''', """, --- 등)를 이용해 참고할 데이터와 회의록 템플릿을 꼭 구분해 주세요.

이렇게 하면 AI가 텍스트 내용을 회의록 양식에 맞춰 요약하고 다시 작성해 줍니다. 이처럼 클로바 노트를 사용하면 회의록 작성 시간을 획기적으로 줄일 수는 있지만, 혹시 회의 참석자 중 음성 녹음을 불편하게 생각하는 사람이 있을 때는 활용할 수 없어요. 이럴 때는 회의 내용을 꼼꼼히 메모한 후 회의록을 작성해야 합니다. 그런 후 메모장 앱이나 텍스트 파일에 기록한 내용을 AI에 회의록으로 작성하라고 요청하면 됩니다.

구분 기호는
데이터와 명령어를
구분하는 문자나
기호예요!

회의 내용이 너무 길다면?

AI는 한 번에 처리할 수 있는 글자 수에 제한이 있어요. 회의 내용이 너무 길어지면 오류가 생기기도 합니다. 유료 모델을 기준으로 챗GPT-4o는 약 2만 9,000토큰('토큰'이란 AI가 처리할 수 있는 글자 수를 의미해요. 2만 9,000토 큰은 한국어 글자로 7,000자 내외예요), 클로드 오푸스Claude-opus는 20만 토 큰을 처리할 수 있어요. 90분가량의 회의 내용을 문자로 변환하면, 대략 3~4만 토큰의 긴 글이 되는데, 이때는 챗GPT-4o보다는 한 번에 많은 양 을 처리할 수 있는 클로드를 사용하는 것이 좋아요.

① The message you submitted was too long, please reload the conversation and submit something shorter.

처리할 수 있는 글자 수가 넘어갔을 때 나오는 챗GPT 오류 이미지

AI에 회의록 작성을 요청해 얻은 결과물은 다른 문제가 없는지 꼭 직접 읽 어봐야 합니다. 가끔은 AI가 엉뚱한 결과물을 작성하기 때문이지요. 마지막 점검은 꼭 사람이 셀프로! 회의록 내용에 문제가 없다면, 회의 참석자와 회 의에 참석하지 못했지만, 회의 내용을 공유받아야 하는 관계자에게 공유합 니다.

회의록은 회의에서 결정된 내용을 모든 관련자에게 전달하 는 중요한 문서예요. 모두가 같은 내용을 이해하고 일이 다른 방향으로 가지 않도록 회의록이 길잡이 역할을 해준답니다.

기록은 기억보다 강력하다는 점, 잊지 마세요!

회의록은 업무 진행의 이정표!

회의를 소집하는 것도 능력!

갑자기 저보고 회의를 소집하라고 하세요!
입사 한 달도 안 되어서 어떤 주제의 회의인지도
잘 모르는데 다른 팀에게 뭐라고 전하며 회의를 주최하지요?

신입 때는 가끔 어떤 주제인지도 잘 모르는 회의를 소집해야
할 때가 있어요. 하지만 상사가 지시하면 빠른 시간 안에
깔끔하게 일 처리하는 게 일잘러의 기본이지요!

회의 준비는 MBTI 'J'의 마음으로

사원일 때는 회의록을 작성하는 역할뿐만 아니라, 회의를 소집하는 일도 자주 맡게 됩니다. 회의를 주최하는 입장이 되면 챙겨야 할 부분들이 더 많아져요. 만약 자신이 회의를 직접 소집하고 진행하는 호스트라면, 회의에 참석해야 하는 대상에게 시간과 장소, 회의 주제와 관련 문서를 미리 공유해야 합니다.

혹시 지금 피넛처럼 회의 안건을 물어볼 수 없는 상황이라면, 두루뭉술하게 말하는 스킬을 발동해 봅시다. 회의 소집 공지에 "ㅇㅇ 팀장님을 대신하여 최근 진행 중인 프로젝트 관련 회의 일정을 확인하고 있습니다"라고 넣는 것이지요.

대부분 회사원이 그렇듯 참석자들도 다른 회의가 많아서 가능한 한 서둘러 일정을 조율해야 합니다. 공개된 스케줄 캘린더가 있다면 빈 시각에 회의를 요청하면 되는데, 비공개로 해 두었거나 공유 캘린더가 없다면 일일이 가능한 일정을 참석자들에게 회신받아야 하지

회의 주제를 몰라도
회의를 잡을 수 있어!

요. 회의 장소에 빔프로젝터나 노트북과 연결할 수 있는 모니터 및 TV 장비가 없다면 회의 전에 대여도 해야 합니다.

그리고 회의 주제와 관련된 문서가 있다면, 미리 공유해서 참석자들이 그 내용을 파악하고 올 수 있어야 하지요. 그래야 참석자들이 회의 주제에만 집중할 수 있습니다. 회의 주제나 공유 문서가 준비되지 않으면, 참석자들이 "이 회의 뭐와 관련된 회의인가요?", "미리 준비할 것은 없나요?", "제가 어떤 의견을 드려야 하는 회의인가요?", "제가 꼭 가야 하나요?" 하는 질문들이 계속 발생하거든요.

MBTI가 'J'인 사람들은 준비성이 철저하고 미리 계획하는 성향이라고 합니다. 회의를 소집하는 쪽이라면, 'J'의 마음으로 회의를 준비해 주세요.

참석자들 일정을 확인하기

회의를 소집할 때 가장 중요한 사항은 주요 참석자들의 리스트를 정리하고 초대하는 일입니다. 메일로 일정만 보내면 된다고 생각할 수 있지만, 메일만 보내면 답장을 잘 안 하시는 분들도 많아요. 그래서 되도록 조금 더 손이 가지만 참석자들에게 개인별로 사전 양해를 구하고 어느 정도 일정이 조율되면, 최종적으로 메일을 보내는 식으로 회의를 어레인지합니다. 체감상 그냥 메일만 보냈을 때와 미리 회의에 관해 이야기하고 보냈을 때의 참석률과 참여도가 확실히 다르답니다!

참석자들에게 개별적으로 연락할 때는 주로 메신저를 사용합니다. 쪽지 시스템이 있다면 쪽지를 활용해도 좋겠지요. 일면식이 있는 사람이면 가볍게 인사하면서 일정을 물어보면 되는데, 처음 연락하는 경우에는 어느 팀에 누구인데 어떤 용건으로 연락을 한 것인지를 밝히면서 조심스럽게 접근합니다. 그리고 개인적으로 메신저를 이용해서 인사할 때는 "안녕하세요" 하

고 보내고, "OO 팀의 OO입니다" 하고 보내고, "혹시
시간 잠깐 괜찮으실까요?" 하는 식으로 보내는 것
은 지양하는 편이에요. 이렇게 메신저를 끊어서 보
내면 상대방이 '용건만 빨리 말했으면….' 하고 생각
할지도 모릅니다. 대부분 직장인이 업무 시간에 많은
연락을 받기 때문에 '인사―소속―용건'을 한 번에 적
어서 보내는 편을 선호합니다.

그러니까…
용건만 말하라고!
빨리, 빨리!

회의 참석 요청 메시지 예시

> 안녕하세요. OO 팀의 OO입니다.
> 다음 주 중에 OO 프로젝트와 관련해서 OO 주제에 대한 회의를 진행하려고 합니다.
> 회의 일정 메일을 보내드리기 전에 참석이 가능한 일정을 확인하고 있습니다.
> 아래 일정 중 참석이 가능한 날을 알려주세요.
>   1. 10일 화요일, 1시
>   2. 13일 금요일, 2시
>   3. 16일 월요일, 3시
> 위 일정 외에 다른 일정이 필요하면 말씀해 주세요. 감사합니다.

　무작정 "회의 시간 언제가 괜찮으세요?" 하고 문의하는 것보다 선택할 수
있는 옵션을 주는 방법입니다. 선택할 옵션 범위를 좁히면 상대방의 결정이
빨라집니다. 만약 참석자에 따라 일정을 조정할 수 없는 경우라면, "참석자
분들의 일정 조율로 인해 회의 일정을 변경하기 어려운 상황입니다. 혹시 참
석이 어렵다면, 해당 일정에 대신 참석할 수 있는 대무자(대리업무자) 지정을
확인해 주세요." 하고 양해를 구하는 것도 좋습니다.

　사전 연락을 보낼 때도 챗GPT에 문구를 짜 달라고 요청할 수 있습니다.
다음과 같이 요청해 봤어요.

> 회사 메신저로 회의 참석 여부를 묻는 메시지를 작성해 줘.
> **– 내용 순서:** 인사말 → 소속 및 이름 소개 → 회의 참석 여부 확인
> – 회의 아젠다 간략히 설명
> – 회의는 다음 주 중 진행 예정
> – 참석자가 선택할 수 있는 3가지 일정 옵션 제시
> – 참석이 어려우면, 공손하게 대무자 지정 요청 포함

이렇게 요청하면 챗GPT가 기본적인 포맷으로 메시지 예시를 작성해 줍니다. 챗GPT의 답변을 참고해서 회의에 대한 정보를 보내면 참석자들의 참석률이 훨씬 높아질 거예요.

AI로 회의 소집 메일 보내기

이렇게까지 말한다면 엣헴, 한번 참석해 볼까?

사전 연락으로 어느 정도 일정이 정해졌다면, 이제 확정 메일을 보낼 차례입니다. 회의 일정에 대한 메일을 AI에 요청할 때는 이렇게 작성해 봅시다.

> 회사 시니어들에게 회의 일정 메일을 보낼 거야. 다음과 같은 내용을 포함해서 메일 초안을 작성해 줘.
>
> • **회의 아젠다(기본 내용):** 기본 아젠다 항목 3개를 포함하고, 자세한 내용은 첨부파일을 참조하라고 안내해.
> • **회의 일정 및 장소:** 회의 일정과 장소를 명시하고, 오프라인 회의실과 온라인 구글 및 링크를 함께 안내해.
> • **참석자 준비 사항:** 사전에 준비해야 할 사항을 설명해 줘(상대방이 준비해야 할 자료나 기술, 사전 질문이나 의견을 준비해 주면 좋아).
> • **기타 사항:** 일정 변경이 어려운 점 양해를 부탁하고, 불참 시 대무자 참석을 요청해. 추가 질문이나 도움이 필요하면 편하게 연락하라는 안내를 포함해야 해.

- 이메일은 공손하면서도 명확하게 작성해 줘.

직장 내에서 쓰는
'아젠다(agenda)'는 보통
'의제, 안건'을 의미해요!

여기서는 '회사 시니어'라고 명시했는데, 이렇게 직급이 높은 사람을 명시해 두면 챗GPT가 조금 더 공손한 톤으로 메일 초안을 작성합니다. 간단하게 **"회의 일정에 대한 메일 초안을 작성해 줘"** 라고 해도 기본적인 서식을 잡아주는데, 주로 회의 제목, 일시, 장소, 참석자 목록이나 회의 목록 같은 내용으로 구성해 줘요. 위의 프롬프트는 원하는 내용이 명확해서 이런 내용을 포함해서 작성하라고 지정했지만, 아주 간단한 프롬프트만으로도 회의 소집 메일에 포함되어야 하는 항목들을 다 알려주니 이 프롬프트가 너무 복잡하다면 간단하게라도 활용해 보세요.

마지막으로 하루에 소화해야 할 일정이 너무 많은 참석자에게 회의 일정을 잊지 않도록 최종적으로 안내해 줍니다. 사전에 참고해야 할 자료나 질문을 알려달라고 요청하면 훨씬 더 원만하게 회의를 진행할 수 있습니다.

신입사원 때는 상사분들의 회의를 준비해야 할 때가 많지만, 시간이 갈수록 여러분의 필요에 의한 회의가 늘어날 거예요. 회의를 소집하면서 관련 부서들이 어떤 역할을 하는지, 어떤 주제가 어떻게 논의되는지 잘 살펴보고, 그 후 회의를 열 때 다양한 부서의 의견과 도움을 받아 담당한 문제를 해결해 보세요.

프롬프트도 간단한 것
부터 차근차근
사용해보자!

Daily, Weekly, Monthly 업무일지 쓰기

팀장님은 내 일을 늘리기 위해
존재하는 것일까요?

회사에서는 조직원의 업무 현황을 알기 위해 업무일지가
필요할 수 있어요. 게다가 꼭 보고를 위한 용도라기보다
자기 업무를 정리하는 데에도 도움이 된답니다.

모든 회사에서 쓰는 바로 그것!

대부분 회사마다 일하는 방식이나 분위기는 달라도 '업무일지'를 써야 하는 시스템은 비슷합니다. 영어 이름을 부르는 회사도, 직급 체계가 있는 회사도 모두 상급자에게 보고하기 위해서 업무일지를 작성하지요.

저 역시 매일 주어진 일들을 해결하기도 바쁜데 업무일지까지 써야 하니 '아니, 팀장님은 내가 뭐 하는지 몰라서 이러나? 바쁜데 귀찮게 뭘 자꾸 작성하라고 하는 거야?' 하는 반항심이 들기도 했습니다. 처음에는 구시렁거리며 어쩔 수 없이 업무일지를 썼는데, 쓰다 보니 지금 하는 일을 한번 되짚어 보고, 다음에 뭘 해야 할지 스스로 정리가 되었어요. 정신없이 휘몰아치는 업무 사이에서 내가 지금 하는 일들을 되돌아보고 놓치는 업무는 없는지, 도움이 필요하거나 공유해야 하는 사항들은 없는지 확인하는 시간은 생각보다 많은 도움이 되었답니다.

업무일지 쓰며
정리해 볼까? 일기랑
비슷하군!

업무일지는 보통 일 단위daily, 주 단위weekly, 월 단위monthly로 작성합니다. 일기나 플래너를 작성하는 것과 비슷합니다. 상사가 시켜서 하는 부분도 분명히 있지만,

내가 짠 계획을 이뤄내고 정리하는 용도로 잘 활용한다면, 소용돌이치는 업무 속에서 분명 중심을 잡아줄 것입니다.

업무일지의 진짜 목적

업무일지는 팀장님이 팀원들의 업무 현황을 모아서 더 큰 조직 단위로 보고하기 위한 용도로 쓰입니다. 그래서 보통은 팀장이 업무일지 서식을 만들고, 팀원들에게 채워 달라고 하는 경우가 많아요. 업무일지는 '이런 일을 완료했어요 Done', '이런 일을 하고 있어요 Doing', '문제가 있어요, 도와주세요 Issue'를 알리기 위한 용도라고 생각하면 됩니다.

처음 업무일지를 쓸 때는 팀장님이 당연히 사원인 내가 무슨 일을 하고 있는지 잘 알고 있을 것으로 생각했어요. 그래서 양식을 채우는 것에만 집중해서 간단히 'OO 과제 진행 중' 정도로만 작성했습니다. 그런데 그렇게 간단하게 작성하면 꼭 팀장님의 호출을 받더군요. 그리고 '피넛님, OO 과제가 뭐 때문에 하는 거였죠?' 하고 물어봅니다. 그때 생각보다 팀장님이 사원들이 하는 일의 세세한 내용까지는 잘 모른다는 사실을 깨달았습니다. 아무래도 팀장님은 여러 팀원의 일이 동시다발적으로 이루어지니 개개인의 업무를 자세하게 파악하지 못할 때가 많습니다. 그 이후부터는 팀장님의 호출을 줄이기 위해, 그리고 팀장님이 업무 보고 회의에서 팀 업무 내용에 대해 술술 보고할 수 있도록 업무일지를 조금 더 자세히 기재하기 시작했습니다. 자, 팀장님을 조금이라도 덜 마주하고 싶다면, 저의 실수를 기억해 주세요.

자세히 적을 테니
제발 말 걸지 말아 주세요.
무관심보살….

제발

업무일지 양식 만들기

이렇게 상사가 원하는 양식이 있으면, 구체적인 내용으로 업무를 기재하면 됩니다. 그런데 문제는 "이제부터 위클리 작성은 모두 피넛님이 챙겨 주세요" 하고 일지 양식부터 팀원들 일지 작성 독려와 취합까지 떠맡기는 경우였어요. 이럴 때는 본 업무에 가깝게 챙겨야 할 일이 많았습니다. 그래도 어쩌겠습니다. 우리는 하라면 하는 불굴의 직장인!

먼저, 업무일지 양식을 만들어 봅시다. 보고를 위해서는 다음과 같이 상태, 업무, 이슈가 한눈에 들어와야 합니다.

업무일지 양식 샘플

작성자	상태	업무	상세 내용	이슈
피넛	완료	가입 오류 VOC	가입 중 전화번호 인증 실패하는 오류 VOC – 가입 과정에서 전화번호 인증 실패 VOC 5건 인입 – 전화번호 형식 10~11자리 충족하지 않은 채로 인증 시도하여 발생하는 문제로 확인 – 전화번호 10~11자리 충족하지 않는 경우 인증하기 버튼 활성화되지 않도록 로직 개선 – 월요일 배포 이후 VOC 및 에러 발생되지 않음	
	완료	홈 개편 2.0	상위 기획 리뷰 – 홈 개편 배경 및 방향 상위 기획 리뷰	

이런 양식과 함께 다음과 같은 작성법을 기재해 두면, 팀원들이 작성 내용을 보고 양식에 맞춰 입력하기가 더욱 좋습니다.

- **작성자:** 팀원들이 작성한 내용을 취합해야 하므로 작성자가 누구인지 기재해야 합니다.
- **상태:** 업무의 상태를 입력합니다. (예: 진행 예정, 진행 중, 완료)
- **업무:** 수행한 업무의 제목을 입력합니다.
- **상세 내용:** 업무의 구체적인 내용과 진행 상황에 대한 내용을 기재합니다.
- **이슈:** 해당 업무를 진행하면서 발생한 문제점이나 이슈를 기재합니다.

무엇보다 중요한 것은, 팀장님이 시킨 일인 만큼 팀장님 확인을 받는 일입니다. 업무일지는 팀장님의 상위 보고를 위한 용도이므로 팀장님이 보고하기 편한 양식이어야 합니다. 팀장님이 특별히 원하는 부분이 있다면 추가하고, 조율합니다.

이렇게 만든 업무일지를 배포했다면, 이제 팀원들에게 작성을 독려하고 취합하는 일이 남았습니다. IT 회사에서는 컨플루언스Confluence(아틀라시안 사에서 개발한 협력 문서 툴)를 많이 사용해요. 컨플루언스에 위와 같이 양식을 만들어두고, 팀원들에게 작성을 요청하거나, 구글 시트 같은 공동 작업이 가능한 업무 툴을 이용하면 실시간으로 팀원들이 작성하는 내용을 확인할 수 있어서 편리합니다. 만약 공동 작업이 불가능한 환경이라면, 엑셀에 표를 만들어두고 작성해 달라고 하는 것도 방법입니다.

효율적으로 업무일지 작성하기

보통 팀장님들의 업무 보고는 주나 월 단위로 진행되는 경우가 많습니다. 일 단위 개인 업무 관리는 노션 Notion, 트렐로 Trello, 아사나 Asana 같은 툴을 많이 이용합니다. 트렐로, 아사나는 지라Jira(아틀라시안 사에서 개발한 협력 문서 툴로 거의 모든 IT 회사에서 사용)와 같은 프로젝트 관리 툴로 시각화가 잘되기 때문에 개인적인 업무를 관리하는 용도로도 좋습니다. 어떤 툴이든 원하는 툴을 하나 선택하고, 'To Do List'를 적어두면 오늘 해야 할 일들을 놓치지 않고 확인할 수 있답니다.

노션으로 예를 들어 보면, 캘린더 형식으로 화면을 만들고 아래와 같이 체크리스트를 만들어 사용하면 편합니다.

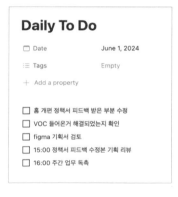

조금 귀찮아도 아침에 출근해서 이렇게 체크리스트를 써 두면 하나씩 지워가는 재미와 성취감을 느낄 수 있습니다. 개인적으로 사용하는 업무일지는 거창할 필요가 없습니다. 내가 알아볼 수 있는 내용으로 원하는 양식으로 만들어두면 됩니다. 정신없는 와중에도 'To Do List'를 보면 '아! 맞다!' 하고 잊고 있던 업무를 챙길 수 있고, 개인적으로 작성해둔 내용을 바탕으로 팀장님에게 제출할 보고용 문서를 만들기도 편해집니다.

작성한 체크리스트를 복사해서 아래와 같이 요청하면 두 번 입력하지 않아도 챗GPT가 알아서 내용을 채워주므로 다음과 같이 팀장님 보고용 주간 업무일지를 작성하는 데도 활용할 수 있습니다.

주간 업무일지를 작성해야 해. 아래 체크리스트를 바탕으로, 그 내용을 주간 업무일지 양식에 맞춰 표로 작성해 줘.

- [x] 홈 개편 정책서 피드백 받은 부분 수정
- [x] VOC 들어온 것 해결되었는지 확인
- [   ] figma 기획서 검토
- [   ] 15:00 정책서 피드백 수정본 기획 리뷰
- [   ] 16:00 주간 업무 독촉

〈주간 업무일지 양식〉 작성자, 상태, 업무 제목, 상세 내용, 이슈 사항

나만의 업무일지가 필요하다고!

개인 업무일지는 자신의 업무를 챙기는 용으로 활용하고, 보고용 일지는 개인 업무일지 내용을 바탕으로 AI를 활용해서 쉽게 작성합니다. 이렇게 하면 정기적으로 해야 하는 반복되는 업무를 많은 시간을 들이지 않고 처리할 수 있어 꼭 해야 할 업무에만 집중할 수 있습니다.

누구보다 빠르게 자료 취합하기

단순히 파일을 모으는 일이지만, 은근히 손이 많이 가요.
이런 단순 노동을 좀 더 편리하게 할 방법이 있을까요?

AI를 모르면 손발이 고생하는 법!
기계처럼 취합하지 말고,
기계에게 취합을 시켜 볼까요?

　일을 하다 보면 여러 사람이 작성한 문서를 하나의 파일로 모아야 하는 경우가 생깁니다. 회사에서 공동으로 문서 작업을 할 수 있는 '컨플루언스'나 '구글 독스' 등을 사용해 실시간으로 서로 문서를 작성할 때도 있지만, 회사에 따라서 공동 작업이 어려울 수도 있습니다. 이럴 때는 보통 엑셀로 각자 필요한 내용을 작성하고 한 사람이 취합합니다. 그 한 사람은 아마도 신입인 여러분이 될 가능성이 높지요!

　여러 번 복사와 붙여넣기를 반복하는, 은근히 손이 많이 가는 파일 취합하기를 쉽게 처리할 방법은 바로 챗GPT를 활용하는 것입니다. 유료 버전에서만 사용할 수 있는 기능이지만, 챗GPT는 여러 개의 파일을 하나의 파일로 취합할 수 있습니다. 지금부터 여러 개의 엑셀 파일을 하나의 파일로 취합해 봅시다.

데이터를 외부에 공개해도 되는 경우에만 사용해 주세요.
민감한 데이터를 챗GPT에 올렸을 때 정보가 유출될 수 있어요!

먼저 취합해야 할 엑셀 파일 두 개를 챗GPT에 업로드합니다.

그리고 다음과 같이 취합하라고 요청합니다.

첨부한 두 문서를 하나의 파일로 취합해 줘.

그러면 몇 초 후에 이처럼 파일을 취합합니다.

🎯 문서를 성공적으로 취합했습니다. 여기에서 다운로드할 수 있습니다. [>-]

아무리 인공지능이 작업한 것이라도 해도, 모든 AI의 작업은 마지막에 반드시 확인해야 해요. 이렇게 취합한 문서를 상사에게 제출하기 전에 꼭 최종 점검을 합니다. 간단한 취합이라면 챗GPT가 문제없이 해내지만, 내용이 복잡하면 가끔 실수할 때가 있다는 걸 명심하세요.

이렇게 통합된 문서에서 필요한 내용만 골라낼 수도 있습니다. 또 챗GPT를 이용한다면 문서의 인사이트나 주요 사항도 더 쉽게 알아볼 수 있지요. 먼저 팀장님이 중요하게 생각하는 포인트가 있으면 넣어 줘도 되고, 아직 팀장님이 무엇을 중요하게 생각하는지 모른다고 하더라도 챗GPT가 그 내용을 읽고 중요 사항을 정리해 줍니다.

이런 게 바로 말로만 듣던 AI 업무 자동화!

단순 노동은 AI가, 점검은 사람이 하기!

취합한 문서의 주요 특징을 팀장님께 보고해야 할 사항 위주로 알려줘.

취합 기능은 팀원들의 업무일지를 모을 때도 유용하지만, 회사에서 벌어지는 다양한 업무에 가장 많이 활용되는 방법입니다.

단순 노동을 줄였으니 좀 더 중요한 일에 집중해볼까?

먼저 회사 전체적으로 진행되는 큰 프로젝트는 다양한 부서에서 고려해야 할 사항들을 취합할 때가 많습니다. 또 일별 데이터를 주 단위나 월 단위로 합쳐야 할 때도, 데이터양이 많을 때도, AI에 맡기면 빠르게 취합해 줍니다.

여러 문서를 하나로 합칠 때, Ctrl+C, Ctrl+V 무한 반복은 이제 그만! AI로 빠르게 취합하고 칼퇴를 향해 한 발 더 나아갑시다!

코난쌤의 깨알팁!

양식이 달라져도 합칠 수 있을까?

챗GPT는 양식이 다른 문서도 하나의 문서로 합쳐 줘요. 예를 들어, A 문서에는 날짜가 있고, B 문서에는 날짜 필드가 없더라도 합칠 수 있습니다. 다음과 같이 프롬프트를 써 보세요.

첨부한 두 엑셀 파일의 데이터를 통합하여 중복되는 항목은 합치고, 다른 항목은 별도의 필드를 만들어서 통합 문서로 만들어줘.

업계 최신 동향을 꿰는 트랜디한 일잘러가 되려면?

회사 생활을 하다 보면 동료들과 업계 트렌드에 대해서 종종 대화합니다. 아침에 출근해서 "그 기사 보셨어요?" 하고 스몰톡을 나누기도 하고, 티타임을 하면서 업계에 핫한 사건에 대해서 토론의 장이 펼쳐지기도 하지요.

기업 채용 조건에 'IT 트렌드에 관심이 많은 분' 하고 공지하는 경우도 많습니다. 업계의 최신 동향 파악이 회사 생활의 필수 조건은 아니지만, 자신이 속한 업계인 만큼 관심을 두고 새로운 기술과 흐름을 지켜보며 감을 잃지 말아야 합니다.

그런데 업계 트렌드라는 게 가만히 앉아 있는다고 저절로 알게 될리 없습니다. 도대체 일잘러 직장인들은 업계 트렌드를 어떻게 파악하고 있을까요? 툭 치면 최신 업계 트렌드에 대해서 쭈르륵 읊을 정도로 트렌드에 밝은 분이 계셔서 노하우를 물어봤습니다.

"별거 없어요. 관심 있는 키워드를 등록해 두고 아침에 출근해서 기사 보는 게 다예요."

너무도 심플한 대답에 잠깐 허무한 기분이 들기

꼭 AI 기능이 아니더라도 시중에 나와 있는 무료 툴을 활용해 봅시다!

도 했지만, 진리는 항상 단순한 법이었습니다. 그 이후 바로 실천해 보기로 했습니다.

구글 시트의 확장 프로그램인 앱스 스크립트 Apps Script 나 챗GPT를 활용하는 방법도 있지만, 별도의 프로그램 설치나 API 연결 없이 관심 키워드를 등록해 두고 메일을 받아보는 방법을 선택했습니다.

먼저 구글 알리미 www.google.co.kr/alerts 사이트에 접속해서 관심 있는 키워드를 입력하고 옵션 항목에서 수신 빈도와 언어, 뉴스 기사의 지역 등을 설정해 보았습니다.

그러면 자신이 설정한 시간에 따라 해당 키워드의 기사를 모아서 메일을 발송해 줍니다.

또한 카카오톡에서도 원하는 키워드의 기사를 등록해 두고 알림을 받아볼 수 있습니다. 메일이 익숙하지 않은 사람이라면 카카오톡을 활용하면 편리합니다.

카카오톡 뉴스봇은 매일 사용하는 카카오톡으로 뉴스를 메시지처럼 보내주기 때문에 출퇴근 시간에 가볍게 기사를 훑어보기 좋습니다.

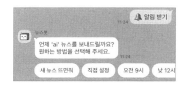
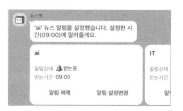

또한 긱뉴스 news.hada.io는 AI, 개발 등 기술 관련 뉴스를 다루고 있어서 최신 정보를 얻기 좋습니다. 뉴스 기사 말고도 전문 분야별로 기사를 큐레이팅해 주는 뉴스레터 서비스도 있습니다. 사회, 정치,

경제 전반의 기사 중 핫한 이슈만 뽑아서 보내주는 '뉴닉NEWNEEK', 경제 전문 큐레이팅 뉴스레터 '어피티UPPITY'는 많은 직장인이 구독하는 뉴스레터입니다. 그뿐만 아니라 AI에 특화된 '셀렉트스타 SELECTSTAR'나 '모두레터 MODU LETTER' 같은 뉴스레터도 많이 사용합니다. 이 중에 자신이 관심 있는 분야를 찾아 뉴스레터를 구독해 보세요.

뉴스레터는 기업에서 운영하는 것도 있고, 개인이 운영하는 것도 있는데 발행자에 따라서 재미있거나 핫한 이슈들만 모아주고, 그들만의 언어로 요약과 의견을 담아주기 때문에 일반 기사보다 훨씬 편한 느낌으로 읽어나갈 수 있습니다.

꾸준하게 업계에 관심을 두면 동료들과 이야깃거리도 풍부해지고, 최근 산업 동향에 따라 업무의 방향을 정하거나 리서치하는 데 큰 도움이 된답니다.

📝 팀장어를 사용해 볼까?

예전에 다니던 직장에서 작성하는 기획안마다 100% 확률로 통과되던 선배가 있었습니다. 도대체 그 비결이 뭔지 너무 궁금해서 선배를 붙잡고 물어봤더니 선배는 이렇게 대답했습니다.

"팀장님이 쓰는 언어를 그대로 사용해 봐. 그러면 보통 좋아하시고 통과되더라고."

서로 좋아하면 닮는다는 말이 있지요. 사람들은 무의식중에 관심 있고 호감 가는 사람의 행동이나 말투를 따라 하게 된다고 합니다. 물론 우리가 팀장님을 좋아하기는 힘들지만, 좋아하는 척할 수는 있습니다(정말 좋아하는 팀장님이 있다면, 훨씬 쉬울 거예요). 이제부터 팀장님이 사용하는 언어를 사용해 볼까요?

음, 팀장님은 이런 스타일로 말하시는구나!

쓰는 기획안마다 통과되는 선배의 말처럼 팀장어를 활용하기 위해서는 먼저 팀장님이 쓰는 언어를 잘 관찰해야 합니다. 예를 들어, 팀장님이 "고객들에게 '와우 모멘트 WOW moment'를 제공해야 해!"라는 말을 자주 사용하는 분이라고 합시다. 그러면 기획서나 구두 보고를 할 때 은근

슬쩍 "고객에게 와우 모멘트를 제공하기 위해 이런 방향으로 접근해 봤습니다" 하고 동어 반복을 하는 것입니다.

또, AI 기능을 이용해서 팀장님의 말투를 따라 해볼 수도 있습니다. 만약 팀장님이 "내일 아침에 비가 많이 올 거 같아요. 미리 우산 챙겨 가세요"라고 말했다면, 이렇게 프롬프트를 입력해 보세요.

다음 메세지의 {내용}을 {팀장님 말투}로 바꿔줘.
내용 = "내일 아침에 비가 많이 올 거 같아요. 미리 우산 챙겨 가세요."
팀장님 말투 = "고객들에게 '와우 모멘트'를 제공해야 해!"

이렇게 단순한 예시를 몇 개 주고 비슷한 일을 시키는 방식의 프롬프트를 '퓨샷(few-shot)' 방식이라고 합니다.

클로드에 프롬프트를 입력했더니 이렇게 답변해 주었습니다.

안녕하세요 팀원 여러분!
내일 출근길에 비가 많이 올 것으로 예상됩니다. 우산을 꼭 챙기시기를 바랍니다.
비를 맞고 출근하면 컨디션이 좋지 않아 고객 응대에 어려움이 있을 수 있습니다.
우리는 항상 최상의 컨디션으로 고객들에게 '와우 모멘트'를 제공해야 합니다!
작은 준비로 고객을 만족시킬 수 있다는 것을 잊지 맙시다.
모두 건강 조심하시고, 내일도 파이팅입니다!

‘와우 모멘트’ 외에도 팀장님들이 자주 사용하는 언어로는 ‘MECE(서로 중복되지 않게 빠짐없이) 하게 작성해라’, ‘두괄식으로 요약해라’, ‘개조식으로 정리해라’, ‘간단하게 화면을 첨부해라’ 등의 말들이 있습니다. 여러분의 팀장님이 자주 사용하는 단어들을 잘 듣고 적절히 활용해 봅시다. 적재적소에서 똑똑하게 활용한다면, 분명 좋은 효과가 있을 거예요.

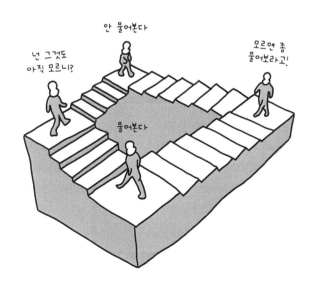

3장

성과로 이어지는
고객 접점 글쓰기

고객의 마음을 사로잡는 카피 쓰기

회사에서 글 쓸 일이 이렇게 많은지 몰랐어요.
게다가 창의력이 필요한 글쓰기 능력이 필요할 줄이야….
그중 가장 어려운 일은 카피라이팅이에요!

회사에서 가장 중요한 일 중 하나가 마케팅이지요. 홈페이지나 SNS에
글을 올리는 일, 광고 문구 등 마케팅을 위한 글쓰기가 업무에서 큰 비중을
차지해요. 자, 일잘러 직장인이 되기 위한 필수 조건인 멋지고
트랜디한 카피라이팅 쓰는 법을 알아볼까요?

카피라이팅은 고도의 심리전

카피라이팅은 브랜딩, 광고, 마케팅, 콘텐츠 영역에서 서비스를 홍보하거
나 고객의 행동을 유도하는 글쓰기입니다. 주로 브랜드 기획자, 마케터, 콘
텐츠 기획자들이 카피를 쓸 일이 많습니다.

하지만 마케팅과 연이 없는 사람이라도 중소기업에서는 직무의 경계가 모
호해서 어떤 일이든 주어진 일을 처리해야 할 때가 많아요. 한 번도 카피를
써본 적이 없다고 해도 당장 마케팅 콘텐츠를 기획해야 할 때가 있습니다.
처음에는 카피라이팅이 뭔지, 어떻게 써야 할지 힘들고
막막하기만 합니다. 도대체 팔리는 카피란 뭔지, 조
회수를 올리는 카피란 무엇인지 한번 알아볼까요?

**거짓으로 마감 임박을
남발했다가는 허위
광고에 해당하니
주의하세요!**

먼저 카피라이팅은 심리적으로 접근하는 게 좋습
니다. 마케팅에 심리를 잘 녹여서 활용하는 분야로는
홈쇼핑과 라이브 커머스 분야가 있습니다. 쇼핑 호스트들
이 하는 말을 주의 깊게 들어보세요. 예를 들어, '한정 수

량 판매', '마감 임박' 등의 말은 제한된 자원을 더 가치 있게 보여주는 희소성 원칙에 의한 말이고, 'KC 인증을 받은 상품', '전문가가 추천하는 상품' 같은 말은 권위 있는 기관이나 인물의 말을 신뢰하는 심리에 따른 카피입니다.

하지만 카피라이팅에서 가장 중요한 것은 고객과 사용자 입장에서 글을 써야 한다는 것입니다. 고객들이 어떤 문제가 있고, 우리가 어떤 솔루션을 제안하는지, 고객이 비용을 내면서까지 어떤 이득을 가져갈 수 있는지를 꼼꼼히 찾아 고객의 마음을 '후킹'하는 게 가장 중요한 목표이지요.

지금 유행하는 카피 찾아보기

이론적인 부분을 알고 있어도 막상 카피를 쓰려고 하면 손가락이 움직이지 않습니다. 이럴 땐 참고할 만한 카피들이 있으면 훨씬 도움이 됩니다. 먼저 다른 사람들이 쓴 글을 참고해 볼까요? 클로드에 프롬프트를 이렇게 입력해 보세요.

> """ 유튜브 페이지를 전체 복사하여 붙여넣기 """
> 유튜브 인기 급상승 동영상 제목들의 특징 분석해줘.

이렇게 하면 최근 인기 급상승인 동영상들의 제목들과 그 특징을 분석해 줍니다. 이렇게 분석한 제목을 잘 살펴본 후, **"텀블러와 관련된 콘텐츠를 제작하려고 하는데 인기 급상승 동영상의 제목들을 참고해서 흥미를 유발하는 제목을 지어줘"** 라고 하면 현재 인기 급상승 동영상들을 참고해서 콘텐츠 제목을 몇 개 추려서 작성해 줍니다.

여기서는 유튜브를 예시로 했지만, 쇼핑몰에서 많이 판매

최신 트렌드를 쉽게 반영할 수 있겠어!

되는 상품의 제목 또는 상세 페이지를 참고해서 카피라이팅을 해주기도 하니, 필요한 사이트의 제목을 분석할 때 적극 활용해 보세요.

'후킹' 하는 카피 만들기

처리해야 할 일은 산더미처럼 많은데 시간도 없고 특별한 아이디어도 없다면, 처음부터 챗GPT에 카피 문구를 작성하라고 요청해 봅시다.

> 20~30대 남녀를 대상으로 개인 맞춤형 AI 스타일리스트 서비스를 오픈할 예정이야. 톡톡 튀는 즐거움이 넘치는 서비스야. 패션에 관심 있는 사용자를 대상으로 조회를 유도하는 배너 카피가 필요한데 짧고 기억에 남는 슬로건 카피 10개를 추천해 줘.

이때 구체적인 수치와 타깃을 설정하고 카피라이팅을 요청할 수도 있습니다.

> 다음 조건을 이용해서 개인 맞춤형 AI 스타일리스트에 대한 카피 문구를 작성해 줘.
>
> 1. 수치적인 표현을 필수로 포함하여 짧고 은유적으로 작성해.
> 2. 자극적인 워딩 사용해: '완벽한', '실제 같은', '내 마음대로', '실패 없는'
> 3. 특장점은 짧게 표현해: '갓벽'
> 4. 20-30대 유머러스한 스타일을 적용해.
> 〈예시〉
> • "추천 정확도 92%"
> • "쇼핑 시간 단축 30분"
> • "고객 만족도 4.8/5"

그러면 AI가 이런 카피를 작성합니다.

1. 내 마음대로 완벽한 룩, 추천 정확도 97%! 실패 없는 스타일링, 갓벽한 자신감 100%.
2. 스타일 변화율 89%, 30분 만에 갓벽한 룩! 실제 같은 패션, 실패 없는 쇼핑.
3. 추천 정확도 95%! 갓벽한 스타일링, 내 마음대로 완벽한 룩을 24시간 안에.
4. 실제 같은 스타일링, 98% 만족도! 실패 없는 완벽함, 20대의 갓벽한 변신 100% 보장!

이렇게 AI가 만든 카피는 자신이 생각하지 못한 단어나 스타일을 보여주기도 합니다. 이런 부분을 참고해 카피를 좀 더 다듬어간다면 훨씬 풍부한 내용의 카피라이팅이 가능할 거예요.

챗GPT 이외에도 한국방송광고진흥공사ₖₒᵦₐCₒKOBACO의 광고 데이터 분석 시스템인 아이작ISAC에서 카피라이팅을 작성해 주는 AI를 활용해 봐도 좋습니다. 아이작 홈페이지 aisac.kobaco.co.kr에 접속하면 '광고 카피 제작' 메뉴를 찾아볼 수 있어요. 이곳에 프로젝트와 상품명, 키워드를 입력하면 다양한 카피 문구를 생성할 수 있답니다.

세세한 서비스로 헤드 카피와 바디 카피, 톤앤매너까지 설정해볼 수 있습니다. 또 카피뿐만 아니라 광고 아카이브가 있어 키워드와 관련된 광고만 모아서 확인하기도 편리합니다.

타깃이 뾰족할수록 후킹도 강력

　룰루레몬lululemon은 요가, 러닝, 피트니스 등 기능성 스포츠 의류 브랜드입니다. 룰루레몬은 고가의 운동복을 판매하는데, 이 회사는 고객을 구체적으로 설정해 표적화했습니다. 룰루레몬이 말하는 고객은 "32세 패션에 민감한 전문직 여성, 여행과 운동을 좋아하고 사회적으로 성공한 여성으로 높은 소득과 여가를 즐기며 건강과 패션에 관심이 있는 슈퍼걸"입니다. 룰루레몬의 창업자인 칩 웰슨Chip Wilson은 "우리는 31살이나 33살은 신경 쓰지 않는다. 룰루레몬은 이 슈퍼걸 단 한 명을 만족시킨다"라고 말했습니다.

　카피라이팅을 할 때 이렇게 사용자가 구체적으로 설정되어 있다면, 카피의 스타일과 톤을 결정하는 데 많은 도움이 됩니다. 이처럼 구체화한 가상의 고객을 '페르소나'라고 하는데, 이 페르소나 설정도 AI의 도움을 받을 수 있습니다.

> 업무용 플래너를 만들려고 해. 업무용 플래너를 이용하는 사용자 페르소나 3개를 만들어줘.

　이렇게 설정된 타깃 페르소나를 바탕으로 세 명의 페르소나가 공통으로 관심을 가질만한 요소들을 추리거나 더 좁은 타깃으로 좁히는 작업을 합니다. 자꾸 사용자를 좁히는 이유는 틈새시장을 공략하기 위해서이지요. 자꾸 좁힐수록 마케팅 전략을 더욱 정교하고 효과적으로 만들 수 있어요. 각각의 페르소나가 공통으로 관심 가질만한 요소들을 바탕으로 메시지를 맞춤화하여 전달하면, 훨씬 효과적인 고객 유치와 브랜드 충성도를 구축할 수 있습니다.

마케팅은 너무 많은 사람을 타깃으로 하면 오히려 효과가 떨어지고 전달하고자 하는 메시지가 흐려질 수 있습니다. 그래서 시장을 더 작게 나누고, 그중에서도 특정 고객층에 집중하는 '니치마켓 Nichemarket'을 찾아야 하지요. 니치마켓이란, 특정하고 작은 소비자 그룹을 대상으로 그들의 독특한 요구나 취향을 충족시키는 시장인 즉 틈새시장을 말합니다. 시장을 작게 쪼갤수록 고객의 필요에 더 정확하게 대응할 수 있고, 더욱 효과적인 메시지를 전달할 수 있습니다.

생활 인테리어 관련 인기 앱인 '오늘의 집'도 처음에는 인테리어 정보를 공유하는 플랫폼이었다가 인테리어 상품과 생필품을 파는 커머스로 확장했습니다. '무신사'도 처음에는 패션 커뮤니티였다가 온라인 쇼핑몰로 발전했지요. 카카오톡도 처음에는 단순한 메신저였지만, 지금은 선물하기, 스토어, 간편결제까지 다양한 분야로 확장했습니다. 일단 영역을 좁게 잡고 그 안에서 넓혀 나가는 방식의 전략은 마케팅의 고전 중 고전입니다.

여러분도 AI를 통해 시장을 좁히고, 사용자를 쪼개고, 타깃에 맞는 정확한 카피를 만들어보길 바랍니다.

말랑말랑한 문구로 UX 라이팅 고수되기

회사에서 마케팅 관련 일을 하다 보면 UX 라이팅 UX Writing이란 용어를 자주 듣습니다. UX 라이팅이란, 'User Experience Writing'으로 사용자가 접하는 모든 텍스트를 단순하고 명료하게 혼동 없이 이해할 수 있게 돕는 작업을 말합니다. 모바일 앱이나 웹 화면 안에서 사용자가 보는 모든 메시지를 직관적으로 이해하도록 문구를 작성하는 것인데, 버튼 텍스트나 오류 메시지, 안내 문구나 도움말 같은 것들에 활용해요. 꼭 판매되는 상품이나 서비스가 아니더라도 사용자가 보고 경험하는 모든 영역의 카피를 UX 라이팅이라고 합니다.

온라인 화면에 들어가는 문구를 건조하게 써서 기획서를 작성한 적이 있었습니다. 그 문서를 본 팀장님은 이렇게 말씀하셨어요.

"피넛님, 이 문구를, 조금 더 말랑말랑하게 워싱 좀 해야겠는데요?"

처음에는 '이 무슨 회사에서 빨래하는 소리람? 말랑말랑? 문구 워싱?' 하고 멍하니 팀장님을 쳐다보고만 있었습니다. 차분히 무슨 말인지 해석을 해 보니 사용자 입장에서 딱딱하게 느껴지지 않도록 친근하면서도 잘 이해할 수 있도록 문구를 다듬어 달라는 의미였습니다. 즉 UX 라이팅을 해달라는 것이었지요. 핀테크 서비스를 하는 업체인 '토스'가 UX 라이팅을 잘하기로 유명합니다. 한때는 팀장님을 비롯한 상사분들 사이에서 '토스처럼 해 줘'라는 말이 유행하기도 했지요.

나름의 고심 끝에 문구를 수정했더니 이번에는 디자이너가 글자 수가 너무 길다고 다시 작성을 해오라는 게 아니겠어요? 미치고 팔짝 뛸 노릇이었습니다. 사용자가 이해하는 데 어려움이 없으면서도 글자 수 제한까지 맞춰야 한다니! 너무나 고난도의 퀘스트였습니다.

서비스에 필요한 정보를 일관된 타깃과 목적을 가지고 친근하게 문제 해결 방법을 제공하는 것이 바로 UX 라이팅의 핵심이었습니다. 거기에 따뜻한 인간미와 공감과 배려를 담는 것이지요. 즉 작성자에게는 창작의 고통이 필요한 작업이라는 뜻입니다.

창작은 참기름과 같아요. 짜낼수록 고농축의 압착된 향이 생기죠. 문구 수정도 창작자를 짜낼수록 좋은 결과가 나온답니다! ㅎㅎ

말랑말랑하면서도 글자 수가 너무 길지 않고, 사용자가 이해하는 문장 만들기는 상당히 기술적인 글쓰기이지만, 전문 UX 라이터나 카피라이터가 없

다면 사원이 직접 처리해야 합니다. 이런 창작의 고
통이 필요한 기술적인 글쓰기는 AI를 활용하면 조
금 더 빠르게 아이디어를 얻을 수 있습니다.

언어라는 것은 '아' 다르고 '어' 다르기에 기존에 있던 내
용에서 조금씩 바꿔가면서 적절한 대체어를 찾으며 수정하
는 작업입니다. 혼자서 대체어가 잘 떠오르지 않고 새로운 말
을 찾기가 쉽지 않을 때는 챗GPT에 이렇게 요청해 봅니다.

> "오류가 발생했습니다"를 조금 더 친절하고 말랑말랑하게 바꾸고 싶어. 대체할 수 있는
> 말 10개 부탁해.

혹은 이렇게 AI에 역할을 정해주고 작업을 요청할 수도 있습니다.

> 너는 한국의 모바일 앱 토스의 UX 라이터야. 모바일 서비스 이용 중에 오류가 발생한 상
> 황에 대해서 사용자에게 안내해야 해. 사용자가 상황을 잘 이해할 수 있으면서 친절하게
> 안내하는 문구, 한글로 40자 내외로 작성해 줘. 10개 리스트로 뽑아줘.

그러면 챗GPT가 이렇게 답을 줍니다.

> 1. "죄송합니다. 잠시 오류가 발생했습니다."
> 2. "일시적인 오류가 발생했습니다, 양해 부탁드려요."
> 3. "잠시 서비스 이용에 문제가 있어요, 불편을 드려 죄송합니다."
> 4. "서비스 이용 중 문제가 발생했습니다, 잠시만 기다려 주세요."
> 5. "일시적 오류 발생으로 불편을 드려 죄송합니다."

챗GPT는 단어의 순서를 바꾸거나 비슷한 대체어를 사용해서 여러 가지 대체 문구를 제안해 줍니다. 만약 챗GPT가 제안한 문구가 마음에 들지 않는다면, **"사용자가 어떤 액션을 해야 하는지도 명확히 알려주면 좋겠어. 다시 10개 리스트를 뽑아줘"**라고 개선 요청을 할 수도 있어요. 또한 '오류가 있습니다. 죄송합니다'로 끝나서는 안 되니, 오류가 있으니까 다음 스텝으로 사용자가 뭘 해야 하는지 알려주는 내용도 포함해 달라고 해보았습니다. 이렇게 하면 조금 더 자연스러운 결과를 확인할 수 있습니다.

후훗,
말랑말랑한 문구가
마음에 드는군!

우리가 전문 UX 라이터는 아니지만, 이런 방법으로 전문가 못지않게 말랑말랑해진 표현을 만들어낼 수 있습니다. 물론 챗GPT나 AI가 완전히 새로운 창작을 하기에는 부족하지만, 적어도 팀장님께 들고 갈만한 대체어들의 준비를 도와준답니다.

코난쌤의 깨알팁!

UX 라이팅을 위한 맞춤형 GPT가 있을까?

챗GPT 회원에 가입한 후 GPTs를 이용할 수 있는데, GPTs란 자주 사용하는 프롬프트를 맞춤형으로 잘 다듬어 특정 기능을 수행하도록 만든 GPT를 말합니다. GPTs에 UX 라이팅을 돕기 위해 특화된 GPT가 있으니 한번 사용해 보세요. 영어 기반이므로 시작할때 '한국어로 말해줘'라는 문장을 입력해두면 한국어로도 잘 작동합니다.

UX Writing Ninja: chatgpt.com/g/g-TUoqCgVQf-ux-writing-ninja

회사의 소셜미디어 맞춤 관리법

괜히 아는 척했다가 얼떨결에 소셜미디어 마케팅을
담당하게 되었어요. 한번도 해본 적 없는 일인데, 이를 어쩌죠?

저런! 지금부터 소셜미디어 별로
채널을 분석하고 운영 계획을 짜봅시다.
AI가 도와줄 거예요!

공급자로서의 소셜미디어

요즘은 개인들도 각자의 소셜미디어를 많이 이용하고 있어요. 내 일상이
나 생각을 기록하기 위해, 틈틈이 재미난 콘텐츠를 보고 트렌드를 파악하
는 용으로 SNS를 사용하고 있습니다. 저 역시 출퇴근 시간이나 자기 전에
유튜브나 인스타그램, 쓰레드, X(구 트위터), 블로그, 틱톡 같은 SNS를 자
주 이용합니다. 친구들을 팔로우해서 일상을 공유하기도 하고, 인플루언서
나 유명 셀럽들을 팔로우하기도 하지요. 우리가 팔로우 중인 계정에는 기업
계정이나 브랜드 계정도 하나쯤은 있을 거예요. 내가 추구하는 가치와 맞거
나 최신 정보와 트렌드, 노하우를 얻기 위해 브랜드 계정을 팔로우하지요.
요즘은 많은 회사가 브랜드를 알리고 사용자와 소통하기 위해 소셜미디어
계정을 적극적으로 운영합니다.

콘텐츠를 소비할 때는 마냥 즐겁기만 했던 소셜미디어, 입장을 바꿔 자신
이 관리해야 한다면 생각보다 부담스러울 수 있습니다. 어떤 타깃을 대상으
로, 어떤 감성으로, 어떤 콘텐츠들을 만들어야 할지 계획하고 운영해 나가
려면 챙겨야 할 게 한둘이 아니기 때문입니다.

개인과 기업의 소셜미디어 운영의 가장 큰 차이는 아무래도 기업의 소셜

미디어는 큰 줄기를 세우고 운영된다는 점입니다. 예를 들어, 개인 계정이라면 자신의 취향대로 즉흥적으로 올리고 싶은 콘텐츠를 올려도 괜찮겠지만, 기업 계정은 전체적인 브랜드 타깃과 톤을 정하고, 계획적으로 기획해서 소셜미디어를 운영해야 합니다. 또 개인 계정은 특별한 이벤트가 있거나 기록하고 싶을 때 아무 때나 글이나 사진을 올립니다. 반면 기업 계정은 일정한 주기를 갖거나 혹은 매일매일 콘텐츠를 발행하는 경우가 많습니다. 매일 새로운 일이 있는 것도 아닌데 어떻게 매번 새로운 콘텐츠가 나올 수 있을까요?

마케터들은 보통 연간 계획을 먼저 세우고 소셜미디어 마케팅을 진행한다고 합니다. 마케팅 캘린더를 기준으로 사내의 주요 부서들과 협업하면, 매일 새로운 아이템을 찾아낼 수 있어요. 그러니 만약 회사의 SNS를 담당하게 되었다면, 지금부터 철저히 계획을 짜봅시다.

SNS 내용도 철저히 계획된 거였어!

마케터들의 비밀 캘린더

1년 열두 달은 월마다 봄, 여름, 가을, 겨울을 포함해 다양한 이슈와 테마가 있습니다. 예를 들면 봄에는 벚꽃, 여름에는 물놀이, 가을에는 단풍, 겨울에는 설경을 보는 등 시간과 주기에 따라 사람들의 관심은 옮겨갑니다. 만약 계절의 변화에 둔감해서 '봄이 오면 오나 보나, 이제 여름인가 보다….' 하는 무미건조한 성격이라면 마케팅이 어려울 수 있습니다. 마케터들은 사소한 일상의 변화나 이벤트를 잘 캐치해서 콘텐츠로 승화시켜야 하기 때문입니다.

나만의 마케팅 캘린더를 만들어 활용해 봐요!

마케팅에서 가장 중요한 것은 트렌드, 시의성입니다. 예를 들어 올림픽 기간이라던가, 폭염이 지속되거나, 소셜미디어에서 유행 중인 것들을 시기적으로 적절하게 활용하는 감각이 필요하지요. 이런 트렌드는 매번 바뀌기 때문에 그때그때 인기 있는 것들을 모니터링하고, 브랜드에 어떻게 접목할지 매번 고민해야 합니다. 하지만 그 전에 기본적으로 할 수 있는 마케팅 계획을 미리 세워봅시다. 먼저 나만의 '마케팅 캘린더'를 만들어보는 거예요.

계절이 바뀌는 부분은 정말 기본 중 기본 소재입니다. 예를 들면, 1월에는 새해 계획 세우기, 해돋이 같은 이벤트가 있고, 2월에는 설날과 밸런타인데이, 3월에는 봄의 시작, 입학, 화이트데이, 3·1절 같은 일정이 있습니다. 이런 기본적일 일정만 미리 체크해 둬도 여기에서 소재를 찾아낼 수 있습니다. 연말이나 새해가 되면 여러 마케팅 업체가 마케팅 캘린더를 제작해서 배포하기도 합니다. 이런 기본적인 마케팅 캘린더에 자기만의 정보를 더해 나만의 마케팅 캘린더를 만든다면 훨씬 유용할 거예요.

나만의 마케팅 캘린더를 만들기 위해 AI를 활용해 봅시다. 이번에는 퍼플렉시티에 이렇게 프롬프트를 입력해 보았습니다.

> 1년 12달 주요 마케팅 캘린더를 만들려고 해. 12달의 주요 테마, 이벤트를 하나씩 알려줘.

그러면 이렇게 답변을 내어 줍니다.

- **1월:** 테마 – 신년 시작 – 신년, 해돋이 관람
- **2월:** 테마 – 사랑과 우정 – 밸런타인데이, 설날(음력)
- **3월:** 테마 – 봄의 시작 – 삼일절, 화이트데이
- **4월:** 테마 – 봄꽃 축제 – 벚꽃 축제
- **5월:** 테마 – 가정의 달 – 어린이날, 어버이날, 성년의 날, 부처님 오신 날

- **6월:** 테마 – 초여름 준비 – 현충일
- **7월:** 테마 – 여름 휴가 – 휴가 시즌 본격화
- **8월:** 테마 – 무더위와 휴가 – 광복절
- **9월:** 테마 – 가을 시작 – 추석
- **10월:** 테마 – 가을 축제 – 개천절, 한글날, 핼러윈
- **11월:** 테마 – 겨울 준비 – 빼빼로데이, 수능
- **12월:** 테마 – 연말 축제 – 크리스마스, 연말연시

여기에서는 이벤트 하나만 가져오도록 프롬프트를 입력했습니다. 만약 여러 개가 필요하다면 '**4개씩 알려줘**', '**여러 개 알려줘**'라고 요청합니다. 월별 주요 기념일이 필요하다면, '**월마다 주요 기념일과 행사를 나열해 줘**'라고 하면 날짜별로 주요 일정들을 뽑아주기도 합니다. 한 번에 365일 일정을 알려 달라고 하면 너무 길다고 거절하기도 하니 월별, 분기별로 쪼개서 질문하는 것이 좋습니다. 이렇게 기본 프롬프트를 바탕으로 필요한 부분을 더하고 빼면서 연간 마케팅 일정을 세워 보세요.

일관된 톤으로 소통하기

이렇게 미리 정해진 일정 외에도 회사 내부에서 소재를 찾는 방법이 있습니다. 사용자들의 후기나 과거에 진행했던 프로모션 자료들, 회사에서 발행한 보도자료나 인터뷰 자료, 임직원들에게서 소재를 찾을 수도 있어요. 운영하는 기업 계정의 특성에 따라 모든 것이 소재이자 콘텐츠가 될 수 있습니다.

그런데 다양한 아이템을 포스팅하면 자칫 브랜드 컬러가 뒤죽박죽 엉망이 될지도 모릅니다. 우리 브랜드가 전달하려는 메시지가 무엇인지, 어떤 어조를 사용해야 하는지, 선호하는 단어나 스타일링이 있는지를 고민한 후

가이드라인을 잡아서 전체적인 브랜드 톤을 맞춰야 합니다. 앞쪽 카피 쓰는 법에서 설명한 타깃 고객의 페르소나를 설정하는 방법을 이용해서 브랜드 커뮤니케이션 가이드를 만드는 것도 가능합니다. 먼저 클로드에 이렇게 프롬프트를 입력해 가이드 초안을 추출해 보았습니다.

우리 브랜드는 30대 초중반의 커리어우먼이 사용하는 트레이닝복 브랜드야. 우리 브랜드의 소셜미디어 커뮤니케이션 가이드를 만들어줘. 타깃 고객과 브랜드 메시지, 톤 보이스와 언어 사용 가이드를 잡아줘.

타깃: 30대 초중반(30-35세) 커리어우먼으로, 일과 삶의 균형을 중시하며 건강과 스타일에 관심이 많은 전문직, 커리어에 집중하는 여성
메시지: "당신의 열정, 우리의 편안함"을 핵심으로, 편안함과 스타일의 조화, 일상과 운동의 경계를 허무는 다기능성을 강조
톤: 전문적이면서도 친근한 톤을 유지하고, 영감을 주는 메시지를 지향하며, 과도하게 캐주얼하거나 권위적, 판매지향적인 어조는 피함
언어: "건강", "활력", "균형", "자신감", "편안함", "영감을 주는" 등의 긍정적 단어를 사용하고, "완벽", "최고", "S라인", "다이어트", "몸매 관리" 등 체형에 대한 부정적 표현이나 과장된 표현, 성별 고정관념을 강화하는 표현은 지양
예시: 권장 표현 – "하루의 활력을 채우는 편안한 움직임"
지양할 표현 – "완벽한 S라인을 위한 최고의 선택"

이처럼 클로드가 브랜드 메시지와 사용해야 할 어조, 피해야 할 어조를 알려줍니다. 이때 전반적인 톤은 전문적이면서도 친근한, 영감을 주는 톤을 유지하고 너무 격식이 없거나 권위적, 판매 지향적인 어조는 피해야 한다고 요청했습니다. 그러자 '다이어트', '몸매 관리'와 같은 체형에 대한 부정적이거나 '완벽', '최고' 같은 과장되거나 성별 고정관념을 강화하는 표현은 지양해야 한다고 실제 예시를 통해 답변했습니다. 클로드가 해당 연령대를 잘

파악하고 있는 것 같네요.

코난쌤 유튜브는
강의 내용이 주라
학습톤이죠!

반면 하나의 브랜드이지만 소셜미디어 채널 별로 톤이 다르기도 합니다. 예를 들면, 인스타그램은 감성적인 느낌에 이모지를 활용한 어조가 많다고 하면, 쓰레드나 X는 조금 더 간결하면서도 친근한 느낌으로 접근합니다. 그리고 밈을 사용하는 것에도 조금 더 자유로운 분위기예요.

그래서 같은 브랜드라도 채널별로 다른 톤으로 소통하는 경우가 많습니다. 이럴 때는 소셜미디어의 채널별 가이드를 만들어두면 좋습니다.

> **소셜미디어별로 커뮤니케이션 가이드를 만들어줘:** 인스타그램, X(트위터), 블로그, 틱톡, 페이스북, 유튜브 별로 알려줘.

그러면 채널별로 어떤 유형의 콘텐츠를 활용할지, 어떤 해시태그에 톤을 이용할지 예시까지 알려줍니다. 제가 요청하지 않은 부분까지 알아서 샘플링을 해주니 정말 편리하지요.

이렇게 해도 브랜드의 톤이 잘 잡히지 않는다면, 벤치마킹을 해봅시다. 평소에 롤모델로 삼고 있는 채널이나 경쟁사의 채널을 보고 어떻게 소통하는지 살펴보는 것입니다. 무작정 따라 하기보다는 성공 사례들을 분석하고, 그 원리를 찾아보는 게 중요합니다. 단순히 모방만 해서는 안 되고, 타사 사례를 우리 회사 상황에 맞게 변화하고 개선하여 활용해야 합니다. 만약 벤치마킹할 만한 계정을 찾았다면 이렇게 분석해 봅니다.

> 소셜미디어 기획자 입장에서 이 포스트의 공통점을 분석하고 특징을 정리해줘.

챗GPT-4o의
이미지 인식 기능을
이용하면 좋아요.

소셜미디어는 브랜드 인지도를 높이면서 사용자들과 소통하는 좋은 창구입니다. 소셜미디어 내에서 타깃 마케팅도 가능하니 첫 소통의 기준을 잘 잡아보세요.

콘텐츠 샘플 만들어보기

지금부터 소셜미디어 콘텐츠를 직접 만들어봅시다. 먼저 인스타그램 피드에 올릴 콘텐츠를 만들기 위해 클로드에 이렇게 프롬프트를 입력해 보았습니다.

나는 직장인을 위한 영양 간식 에너지바에 대한 인스타그램 포스트를 만들 거야. 바쁜 직장인의 라이프 스타일을 함께하는 브랜드야. 우리가 만든 새로운 제품에 대한 소개가 들어가야 해. 차분하면서도 정갈한 느낌이 들어야 해. 아래 내용을 참고해서 포스트 내용을 작성해 줘.

1. 흥미로운 오프닝 문구 (15단어 이내)
2. 제품 소개 본문 (50단어 이내)
3. 타깃 고객군에 추천하는 문구 (3문단)
4. 15개의 관련 해시태그. 이미지에 들어갈 짧은 카피 문구도 제안해 줘. (10단어 이내)

이렇게 하면 클로드가 해당 톤에 맞는 인스타그램 콘텐츠 글을 작성해 줍니다. 어울리는 이모지도 추천해달라고 하면 적절한 이모지를 추가해서 작성해 주기도 합니다. 저는 간단한 결과를 확인하려고 단어 수에 제한을 뒀습니다. 스토리가 담긴 장문의 글이나 에세이 같은 느낌으로도 작성할 수 있으니 기본 프롬프트에 변화를 줘서 원하는 결과를 만들어보세요.

유튜브는 'lilys.ai'라는
툴을 이용하면 영상을
쉽게 텍스트로 변환할
수 있어요.

또는 유튜브 영상을 만들 때 필요한 대본을 작성할 수도 있습니다.

다음은 성공적인 유튜브 영상 '건강한 아침 식사의 중요성'의 대본 구조야.

도입: 충격적인 통계로 시작 (아침 식사를 거르는 사람들의 비율)
문제 제기: 아침 식사를 거르면 생기는 건강 문제들
해결책 제시: 간단하면서도 영양가 있는 아침 식사 3가지 소개
실천 방법: 바쁜 아침에도 할 수 있는 식사 준비 팁
결론: 아침 식사의 중요성 재강조 및 실천 독려

이 구조를 참고하여, '아침 식사의 중요성'이라는 주제로 10분 분량의 유튜브 대본을 작성해 줘. 대상 시청자는 20-30대 직장인이고, 차분하면서 전문적인 톤으로 작성해 줘.

소셜미디어에서 글은 '소통의 키 key'입니다. 사진이나 이미지 같은 시각적인 요소들도 중요하지만, 가장 기본이자 뼈대가 되는 것은 글이지요. AI를 활용해서 어떤 내용을 담을지 빠르게 그 틀을 만들어본다면, 일의 능률이 크게 올라갈 거예요.

두 번 세 번 체크하기

소셜미디어 운영을 할 때 트렌드와 시의성을 따라가다 보면 요즘 유행하는 밈 Meme이나 문장을 이용해서 콘텐츠를 만드는 경우도 많습니다. 최신 유행하는 밈을 활용할 때 혹은 밈을 사용하지 않더라도 포스팅을 노출하기 전에 꼭 확인해야 할 부분이 있습니다.

바로 콘텐츠 내용이 부적절하거나 논란의 여지가 있는지 확인하는 것입니다. 예를 들어, 타인의 저작권을 침해하거나 고객 정보가 들어간 경우, 광고 관련법을 지키지 않았는지를 살펴야 하고, 특정 집단이나 관점에 치우

치지 않았는지, 정치적·종교적 중립을 유지하는지, 성 차별적이거나 불필요한 성적 묘사가 있는지, 사회적 갈등을 조장하거나 특정 집단을 차별하지 않는지, 문화적 다양성을 해치지 않는지, 윤리적인 문제가 없는지 등을 확인해야 합니다.

기업 콘텐츠는 신중하게 올려야 해!

이처럼 확인할 게 정말 많지만, 잘못된 콘텐츠 하나로 인해 기업 브랜드에 치명적인 손실을 끼칠 수 있으니 꼭 유념해야 합니다. 실제로 이런 일은 업계에서 흔히 발생하는 문제이기 때문에 여러분이 소셜미디어 관리자라면 더욱 예민하게 이런 문제를 따져봐야 합니다. 유명 방송인들도 사회적 이슈를 파악하고 민감한 이슈를 파악하기 위해 꾸준히 신문을 읽는 사람이 많아졌습니다. 그러니 평소에 다양한 사회적 문제와 트렌드를 열심히 파악하여 균형 잡힌 시각을 유지하는 것도 중요합니다.

잘 만든 콘텐츠는 브랜드에 긍정적인 영향을 주지만, 자칫 잘못하면 브랜드에 회복하기 힘든 리스크가 될 수도 있습니다. 그래서 소셜미디어 마케팅은 마치 아슬아슬한 줄타기 같이 느껴지기도 합니다. 타인과 소통할 때는 선을 넘지 않는 게 중요합니다. 고객과의 선을 넘지 않도록, AI를 활용해 리스크를 관리해 봅시다. 먼저 이런 프롬프트를 활용해 보겠습니다.

> 다음 콘텐츠에 부적절한 언어, 차별적 표현, 정치 편향, 법적 위험이 있는지 확인해줘.

대중에게 공개된 커뮤니케이션이기 때문에 다양한 사람들을 고려한 글을 써야 합니다. 소셜미디어 담당자는 브랜드의 이미지를 대표하는 자리예요. 브랜드 평판을 높이 올릴 수 있도록 부적절한 내용도 잘 필터링해서 아름다운 곡예를 완성하기 바랍니다.

홈페이지 관리 및 기획도 뚝딱!

소셜미디어에 이어 홈페이지까지 관리해야 해요.
홈페이지는 소셜미디어보다 더 공적인 공간인 것 같아
부담스럽다고요!

홈페이지는 회사의 브랜드를 알리고 신뢰를 주는
중요한 공간이죠. 잘 운영한다면 신제품 홍보는 물론
여러 기업 맞춤 서비스를 제공할 수도 있답니다!

브랜딩의 시작은 회사 홈페이지

제가 우리 회사에 홈페이지가 있음을 인지한 것은 딱 세 번이었습니다. 첫 번째는 입사 지원 서류 넣을 때, 두 번째는 홈페이지 운영자가 핵심 가치에 넣을 원칙에 대한 설문조사를 했을 때(설문조사에 응답하면 꽤 좋은 상품을 주었답니다) 그리고 세 번째는 제가 직접 회사의 브랜드 스토리와 연혁을 작성해야 했을 때였습니다.

처음 홈페이지 관리 일을 맡게 되었을 때 '회사 브랜드라니, 연혁이라니? 내가? 이걸? 어떻게?' 하고 좌절했던 기억이 나요. 하지만 우리는 어디에나 투입될 수 있는 만능 일꾼입니다. 이번 업무도 훌륭히 수행해야지요!

일반적으로 브랜딩 차원에서 회사 홈페이지를 운영합니다. 보통은 홈페이지를 운영하는 조직도 따로 있어요. 브랜드팀이 운영하기도 하고, 화면 기획이 필요하니 기획팀과 디자인, 개발팀이 함께 투입되기도 합니다. 규모가 있는 회사에서는 이렇게 여러 팀에서 같이 운영하기도 하는데, 회사에 따라 단 한 명이 운영하는 경우도 많아요. 이처럼 혼자 운영하

시켜만 주이소~

는 경우 회사의 미션, 비전, 핵심 가치, 브랜드 스토리, 슬로건, 홈페이지 화면 구성부터 운영까지 모두 해내야 합니다.

'아니, 홈페이지를 한 명이 어떻게 꾸려 나가지?'라는 의구심이 들기도 하지만, 또 어떻게든 되는 게 회사 생활입니다. 홈페이지는 한번 만들어두면 회사의 전략이 전체적으로 바뀌지 않는 이상, 손이 자주 가는 영역은 아니니 처음에 잘 만들어두면, 크게 신경 쓸 부분은 많이 없습니다. 지금부터 그 첫 고비만 잘 넘겨 봅시다!

손쉽게 홈페이지 구성하기

홈페이지 시안이 있다면 참고해서 들어갈 문구들만 작성하면 되지만, 홈페이지 구성부터 새로 짜야 할 때는 할 일이 많아집니다. 놀라지 말고 챗GPT에 이렇게 프롬프트를 입력해 봅시다.

> 회사 홈페이지 구성안을 작성해 줘.

별도의 기교 없이 이처럼 단순하게 명령해도 메인 페이지부터 회사 소개 페이지, 고객 후기, 사회 공헌, 블로그 영역, 문의하기, 하단의 정보 표시 영역으로 나눠서 홈페이지 구성안을 만들어 줍니다. 만약 원하는 구성안이 나오지 않는다면, 좀 더 구체적인 레퍼런스를 넣어줘도 됩니다. 다른 회사의 홈페이지 링크를 넣고 **"이 회사 홈페이지를 참고해서 홈페이지 구성안을 작성해 줘"** 하면 참고해서 페이지를 구성해 줍니다.

카카오 홈페이지처럼 해 주세요! ㅎㅎ

회사 소개 문구 초안 만들기

홈페이지에 들어가야 할 내용 중 가장 중요한 부분이 바로 '회사 소개' 영역입니다. 브랜드 스토리와 회사의 미션과 비전, 핵심 가치와 연혁 부분을 채워 보려면 이렇게 작성해 보세요.

천연 비누 브랜드를 운영하는 기업의 회사 소개 부분에 들어가야 할 내용을 작성해 줘.

브랜드 스토리: 회사의 역사와 창립 배경
미션 및 비전: 회사의 목표와 비전
핵심 가치: 회사의 기본 원칙과 철학
연혁: 주요 연혁 및 성과

그러면 챗GPT가 '천연 비누'와 관련된 내용으로 상상력을 발휘해 작성해 줍니다. 물론 챗GPT가 작성한 내용은 모두 사실이 아니라 지어낸 내용이기 때문에 우리 회사에 맞게 수정해야 합니다. 하지만 처음부터 새롭게 작성하는 것보다는 품이 덜 드니, 초안 작성용으로는 AI를 적극적으로 활용해 보세요.

조금 더 스토리를 보충하려면, **"브랜드 스토리 부분에서 대표의 개인적인 고민 부분을 조금 더 구체적으로 작성해 줘"**, **"다른 내용은 빼고 브랜드 스토리 부분만 다시 작성해 줘"** 하고 요청하거나 **"조금 더 고객들이 공감할 만한 내용으로 보충해 줘"** 하고 프롬프트를 수정하며 보강할 수 있습니다.

쉽게 쓰기 힘든 회사 소개 글을 이제부터는 AI와 함께 만들어 보세요.

오, 꽤 그럴싸한 결과가 나오는데!

중구난방 고객 리뷰 완벽 분석

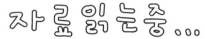

별점은 숫자라 집계할 수 있는데, 리뷰 내용을 어떻게 분류하나요? 그 수많은 리뷰를 모두 하나씩 읽어야만 하나요? 맙소사!

모든 리뷰를 다 읽어보다간 피넛님은 다음 주쯤 퇴근할 거예요. 자, 우리 기술을 이용해서 분류해 봅시다.

리뷰 분석은 알고리즘과의 싸움

온라인 쇼핑을 하면 주문 버튼을 누르기 전에 대부분 리뷰를 살펴봅니다. 저도 리뷰를 꼼꼼히 보는 편인데, 앱 마켓이나 상품 리뷰를 보다 보면 종종 "별점 1점 주면 노출 안 될까 봐 5점 줬습니다. 5점 줬지만 정말 별로예요. 계속 오류 나고 비추입니다." 하는 내용을 심심찮게 볼 수 있습니다. 별점은 5점이지만, 내용을 보면 긍정적인 평가가 아닙니다. 사용자들이 리뷰 노출 알고리즘을 파악하고, 별점과 내용을 일치하지 않게 작성하는 것이지요.

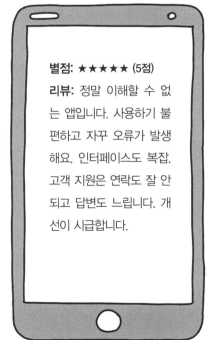

별점: ★★★★★ (5점)
리뷰: 정말 이해할 수 없는 앱입니다. 사용하기 불편하고 자꾸 오류가 발생해요. 인터페이스도 복잡. 고객 지원은 연락도 잘 안 되고 답변도 느립니다. 개선이 시급합니다.

별점은 수치화가 가능하지만, 그림처럼 별점과 반대의 내용을 작성하면 분석의 난이

???!!!

도가 올라갑니다. 처음 이런 리뷰를 봤을 때 막막한 심정이었습니다. 리뷰를 하나하나 읽으면서 분류하기에는 양이 너무 많고, 온종일 리뷰 글만 보기에는 다른 일도 밀려 있었거든요.

처음에는 키워드를 바탕으로 '불편', '오류' 같은 내용이 포함되면 '불만 글'로 분류하기도 했는데 정확성이 많이 떨어졌습니다. "가끔 오류가 생기는 것 빼고는 좋아요! 자주 쓰는 앱입니다!" 하고 별점 4점을 주면 이걸 불만이라고 봐야 할지, 칭찬이라고 봐야 할지 혼란이 생기곤 했지요.

긍정 글과 부정 글을 구분하기

AI를 활용하면 이런 정성적인 판단도 분류가 가능합니다. 먼저 챗GPT를 이렇게 활용할 수 있습니다.

다음 내용이 긍정인지 부정인지 분류해 줘.

'''
정말 이해할 수 없는 앱입니다. 사용하기 불편하고 자꾸 오류가 발생해요. 인터페이스도 복잡. 고객 지원은 연락이 잘 안 되고 답변도 느립니다. 개선이 시급합니다. → 부정

전체적으로 만족스러운 앱입니다. 디자인이 깔끔하고 기능도 충실해요. → 긍정
'''
다음 내용을 이어서 분류해 줘.

- 기능은 다양하지만, 실사용 시 불편한 점이 많습니다.
- 정말 훌륭한 앱입니다! 인터페이스가 직관적이고 사용하기 매우 편리해요.
- 가끔씩 약간의 버그가 발생하지만, 큰 문제는 아닙니다. 조금만 더 개선되면 완벽할 것 같아요.

〈중략〉

샘플로 분류한 긍정, 부정 케이스를 바탕으로 챗 GPT가 해당 내용이 긍정적인지 부정적인지 분류해 줍니다.

고객의 속마음까지 놓치지 말아야지!

여기에는 긍정과 부정을 판단하는 기술이 적용됩니다. 텍스트 분석의 한 분야인 '감성 분석 Sentiment Analysis'이라는 기술로, 텍스트를 숫자로 변환해 의미를 계산하거나 학습 모델로 감정을 예측하는 방식이라고 합니다. 그 기술의 원리를 모두 파악하기에는 너무 어렵고 복잡합니다. 우리가 그 과정 전체를 이해하지 못하더라도, 이런 프롬프트를 이용하면 텍스트도 분류할 수 있음을 알고 잘 활용하면 됩니다!

앱 리뷰뿐만 아니라 배달앱 리뷰나 식당 리뷰, 상품 리뷰에도 동일한 방식을 활용할 수 있습니다. AI를 활용하면 숫자로는 표현되지 않는 고객들의 숨은 의도까지 확인할 수 있답니다.

리뷰를 개선 사항으로 승화하는 보고서 쓰기

이렇게 분류한 데이터를 바탕으로 우리 서비스에서 개선할 포인트를 추려내는 일로 이어지면 금상첨화입니다. 긍정적인 피드백과 부정적인 피드백을 분류했으니, 긍정적인 칭찬은 꾸준히 잘할 수 있도록, 부정적인 질타는 개선할 수 있도록 보고서로 만들어서 다음 스텝으로 이어가 봅시다.

보고서는 '서론-본론-결론' 형태로 간략하게 작성하세요. 서론에는 보고서의 목적과 배경을, 본론에는 우리가 분석한 데이터 내용을 넣고 해결 방안을, 결론에는 실행 계획을 넣어주면 됩니다.

서론은 길 필요가 없으며, 데이터를 분석하게 된 배경이 들어가면 됩니다. 최근 증가한 고객 문의를 분석 및 개선하기 위해 작성했다던가, 정기적으로 모니터링한 내용을 보고하기 위함이라던가 하는 식으로 내용을 넣어 줍니다.

본론에는 데이터를 분석한 내용과 해결 방안을 넣습니다. 분석 기간, 총 문의 건수와 문의 유형 그리고 긍정과 부정 피드백의 비중을 기재합니다. 그리고 긍정적인 문의를 더 강화하기 위한 방안, 부정적인 문의를 개선할 방안과 실행 계획이 들어가도록 구성하면 좋습니다.

예를 들어, '배송이 빠르다'라는 고객의 소리라면 배송을 담당하는 부서에 칭찬을 전달하거나 우수 사례로 공유하여 계속해서 잘할 수 있도록 합니다. 반면에 앱이 갑자기 꺼지는 오류가 많다는 문의가 있다면, 개발팀에서 문제를 해결할 수 있도록 오류가 발생하는 기종과 버전, 어떤 때 오류가 발생하는지를 자세히 탐색해서 알리는 것이 해결 방안이 될 수 있습니다.

결론에는 구체적 실행 계획을 담습니다. 피크 시즌에도 빠른 배송을 유지할 수 있도록 물류 계획을 세우거나 배송팀과 협업 관계를 강화하는 방안이 있고, 앱이 갑자기 느려지는 오류라면 개발팀에 오류 분석을 요청하거나 사용자가 말한 상황을 재현해서 테스트해 보고 문제를 찾아 수정하는 방법이 있습니다.

덧붙여 오류 해결로 인한 개선 효과도 함께 적어줍니다. 배송 속도를 꾸준히 유지해서 배송 만족도를 얼마나 올릴 수 있을지, 문제 해결로 인한 오류 문의가 얼마나 줄어들지 등의 예상 수치를 적어주면 더욱 탄탄한 보고서가 완성돼요.

말하고자 하는 것들이 보기 좋게 정리되면 좋은 보고서예요!

꼭 '서론－본론－결론' 형태가 아니더라도 '고객 문의 데이터를 보니 이런 문제가 있어서 어떻게 해결하면 좋겠다'라는 흐름으로 쓴다면 좋은 보고서가 됩니다. 꼭 형식에 얽매일 필요는 없다고 생각합니다. 말하고자 하는 내용이 모두 들어간다면, 어떤 양식이든 괜찮으니 두려워 말고 보고서로 옮겨봅시다.

보고서를 좀 더 탄탄하게 만들고 싶다면, 먼저 작성한 보고서 초안을 바탕으로 챗GPT에 **"첨부한 내용을 개선 보고서 형태로 다듬어줘"**라고 요청해 봅니다. 그러면 조금 더 깔끔한 형태의 보고서 틀을 잡아주니 정리하는 용도로 AI를 활용해도 좋습니다.

개선 보고서를 어떻게 적어야 할지 막막할 때도 AI를 활용해 봅시다. 분석한 데이터를 첨부해서 **"첨부한 고객 문의 데이터를 참고해서 어떤 개선점을 도출하면 좋을지 정리해 줘"** 하고 요청하면 개선점을 도출해 주기도 하고, **"분석한 내용을 바탕으로 개선 보고서 작성해 줘"** 하면서 처음부터 글쓰기용으로 활용하는 것도 가능합니다.

고객의 의견은 언제나 좋은 개선 포인트가 됩니다. 또, 고객의 의견을 바탕으로 진행되는 과제는 회사 내의 다른 부서의 도움을 받기에도 수월합니다. 막연히 '이렇게 개선되면 좋겠다'가 아니라, 실제 고객들의 의견을 바탕으로 계획을 짜는 것이므로 설득력 있는 자료가 되기 때문입니다.

고객의 의견이 없는 서비스는 없습니다. 지금 근무하는 회사에서도 고객의 소리를 듣고 분석해서 더 나은 서비스로 발전시켜 보세요.

문의를 줄여주는 FAQ 작성법

요즘 고객들은 정말 궁금한 게 많아요.
수많은 고객 문의를 제가 어떻게 줄일 수 있을까요?

VOC, 즉 고객의 소리는 서비스의 개선 포인트를 찾을 수 있는
좋은 시스템이에요. 하지만 업무 시간을 뺏는 단순하고 반복적인
질의응답은 줄여야겠죠! 모두 제각각으로 보이지만, 고객의 소리
에도 의외의 패턴이 있답니다!

고객의 소리, VOC 분석하기

　VOC란 'Voice of Customer'의 약자로 불만, 피드백, 요구 등 고객들이
내는 모든 의견을 뜻합니다. 보통은 좋은 말보다는 불편 사항이나 질타의
소리가 담겨 있어 회사에서는 VOC 문의를 분석해서 개선점을 파악하는 용
도로 많이 활용해요.

　일반적으로 고객센터에서 VOC를 담당하기도 하고, 규모가 작은 회사에
서는 한 직원이 모든 VOC를 담당하는 경우도 있습니다.
회사에서는 고객센터를 운영하는 것과 VOC 처리하는
일 모두 비용으로 여깁니다. 고객이 궁금하거나 불만
을 겪는 사항은 당연히 처리해야 하지만, 생각보다 고객
들의 질문 중에는 단순 반복적인 게 많아요. 회사 입장에
서는 이런 소모적인 일을 줄여야겠지요.

**비용은 줄여야
해욧! 절약!!**

잘 만든 FAQ로 고객 문의 줄이기

　쇼핑몰이라면 배송 문의가 가장 많을 거예요. '제가 주문한 상품은 언제

오나요?', '배송 중이라고 되어 있는데 언제 받을 수 있어요?', '지금 주문하면 언제 수령 가능한가요?', '지정일 배송이 가능한가요?' 이런 배송 문의와 함께 '제품을 받았는데 불량이에요. 바꿔 주세요.', '사이즈 교환해 주세요', '물건이 다 터져서 왔어요. 환불해 주세요.' 같은 교환, 환불 문의도 많습니다. 상품을 구매하기 전에는 '맛이 어떤가요?', '4명 식구가 먹을 건데 양이 적당한가요?' 등 상품 문의도 적지 않지요. 그런데 고객마다 고객센터에 연락하는 이유가 다 다를 것 같지만, 의외로 고객 문의 사항은 대부분 비슷합니다. 즉, 고객들이 자주 묻는 말에는 유형이 있음을 알 수 있어요. 그게 바로 많은 회사가 FAQ Frequently Asked Questions를 운영하는 이유입니다. 고객은 고객센터에 연락하는 것을 부담스러워하기 때문에 서비스 내에서 스스로 문제를 해결하려고 노력합니다. 그래서 고객센터 메뉴에서 질문에 대한 답을 찾기도 하고, 다른 고객들의 리뷰나 문의 내용을 찾아보다가 답을 못 찾으면 그제야 고객센터에 연락합니다. 고객들 스스로 셀프서비스를 하는 것이지요! 그래서 고객들이 자주 하는 질문을 분류해 적절한 위치에 FAQ를 배치해 두는 것만으로도 고객 문의를 효과적으로 줄일 수 있답니다.

또한, 이렇게 넘쳐나는 고객 문의 사항을 잘 보면, 비슷한 문의 유형끼리 카테고리로 묶을 수 있습니다. 경력 사원이라면 감으로 어떤 문의가 자주 들어오는지 파악하고 미리 카테고리를 분류할 수 있겠지요. 그러나 신입 사원이나 아직 업무에 익숙하지 않은 사원이라면, 카테고리 문의 분류 자체가 막막할 수 있습니다.

이때 우리의 똑똑한 비서 AI를 활용해 봅시다. 앞서 리뷰를 '긍정', '부정'과 같이 텍스트 맥락으로 분류했던 것처럼, 이번에는 문의 내용을 비슷한 카테고리로 분류해 보려고 합니다. 이렇게 프롬프트를 입력해 보세요.

> """ 문의 내용 """
> 여기 있는 문의들을 비슷한 유형의 카테고리로 묶어서 분류해 줘.

그러면 챗GPT가 이렇게 답변해 줍니다.

> 문의 내용은 다음과 같은 유형으로 분류할 수 있습니다:
>
> 1. **배송 및 포장:** 배송 상태, 포장 상태, 배송 시간 등에 관한 질문
> 2. **상품 재고 및 입고:** 상품의 재고 상황, 재입고 일정 등에 대한 문의
> 3. **제품 정보 및 원산지:** 제품의 상세 정보, 원산지, 성분 등에 대한 질문
> 4. **주문 및 결제:** 주문 과정, 결제 방법, 할인 혜택 등에 관한 문의
> 5. **교환 및 환불:** 교환, 반품, 환불 절차와 조건에 대한 질문
> 6. **사용 및 보관 방법:** 제품의 사용법, 보관법 등에 대한 문의
> 7. **기타:** 위의 카테고리에 속하지 않는 다양한 질문들

이어서 "**1~6번 문의를 바탕으로 FAQ 작성해 줘**"라고 요청하면 챗GPT가 적절한 답변 예시를 작성해 줍니다. 물론 챗GPT가 작성한 내용은 일반적이고 포괄적이기 때문에 그대로 사용하기보다는 각 서비스 현황에 맞춰서 다듬어야 합니다. 그래도 처음부터 문의 내용을 찾고 분류하고 답변을 작성하는 시간을 크게 줄여줄 수 있어요.

이렇게 작성된 FAQ 내용을 상품 문의 영역과 마이페이지, 배송 조회 페이지에 적절히 배치해 둔다면, 셀프서비스를 원하는 고객들의 시간과 노력을 줄여주는 고객 맞춤 서비스가 될 거예요.

무엇이든
물어보세요!
후훗~

주목 받는 홍보기사 작성법

한 번도 기사를 써 보지 않은 제가 신제품을 알리는
홍보기사를 잘 쓸 수 있을까요?

새로운 서비스나 제품, 이벤트가 나오면 회사에서는 이 내용을
최대한 자세히 널리 알리려고 해요. 그에 가장 기본이 되는 일이
바로 홍보기사 작성이지요! 홍보기사를 잘 작성하면 고객의 관심을
끌고 정보를 알리기에 더할 나위 없이 좋은 수단이니
우리도 적극적으로 작업해 볼까요?

기자가 아닌 내가 홍보기사를?!

세계적인 기업인 아마존Amazon에서는 '식스페이저 6pager'라는 기획 문서 문화가 있습니다. 흔히 하는 PPT 발표가 아닌 이 여섯 장짜리 기획서를 바탕으로 회의에 참석한 사람들이 문서를 정독하고 리뷰하는 문화예요.

식스페이저에 꼭 들어가야 할 항목 중에는 '프레스 릴리즈 Press Release'가 있습니다. 프레스 릴리즈는 우리가 기획한 서비스가 완료되었을 때를 예상해서 미디어에 발표될 홍보기사를 미리 작성해 두는 항목이지요. 이 기사 내용에는 서비스의 핵심 메시지가 녹아 있어 문서를 읽는 사람들이 홍보기사만 보고도 어떤 완제품일지 예상할 수 있게 돕는 역할을 합니다.

이처럼 중요한 홍보기사를 막상 작성해 보려니 어려운 점이 한둘이 아닙니다. 기사에서 서비스를 간략히 소개하고, 특장점도 뽑아내며, 또 그럴듯한 기사처럼 보이기 위한 문투도 신경 써야 합니다.

미리 미리
기사도 써 놔야
할 거 아냐!!

10초 만에 홍보기사 초안 쓰기

급작스럽게 홍보기사를 써야 하거나, 홍보 담당자
인데 늘 글쓰기가 어려운 사람, 또는 홍보팀과 협업
을 해야 한다면, 홍보기사 초안 작성에 도움이 되는 방법
을 알아두세요.

먼저 참고하고 싶은 뉴스 기사를 찾아서 챗GPT에 이렇
게 요청합니다.

''' 참고 기사 '''
이 기사를 바탕으로 탈모 전용 전문 브랜드관 런칭에 대한 홍보기사 초안을 작성해 줘.

그러면 기사 링크를 바탕으로 어투와 포맷을 참고해서 챗GPT가 홍보 기
사를 작성해 줍니다. 이렇게 간단한 프롬프트 한 줄만으로도 초안이 완성
됩니다.

구체적으로 지시할수록 좋아지는 기사 내용

만약 챗GPT가 만든 기사 내용에 내가 원하는 내용이 모두 담기지 않았
다면 좀 더 구체적으로 요청합니다.

"우리 브랜드관에서는 1:1 맞춤 상담과 전문가들이 큐레이션 한 브랜드를 소
개받을 수 있어. 꼼꼼하게 확인한 제품들만 선별해서 믿고 구매할 수 있는 게
장점이야. 선착순 100명에게 사은품도 증정한다는 내용을 포함해 줘" 이처럼
제품의 특장점을 프롬프트에 추가해서 내용을 보충할 수 있습니다.

"클릭을 유발하는 제목도 붙여줘", "전문가 인용문을 포함해 줘", "구체적인
사례와 데이터도 추가해 줘" 등의 요청을 더 넣어 보면서 원하는 내용으로

기사를 구성해 봅니다. 혹은 다음처럼 챗GPT에 역할을 부여해서 기사를 입력하게 하는 것도 가능합니다.

"'' 참고 기사 '''

역할: 너는 홍보 대행사의 카피라이터야.

작업: 클라이언트로부터 의뢰받은 홍보 자료를 작성해야 해. 자료는 사실에 기반하되, 긍정적이고 홍보 효과가 높아야 해.

지침:
- 제공된 정보를 바탕으로 홍보기사 형식에 맞춰 자료를 작성
- 기사 제목은 홍보 효과를 높일 수 있도록 관심을 끌면서도 긍정적인 인상을 줄 수 있게 작성
- 기사 내용은 기관의 장점과 특징을 부각할 수 있도록 매력적인 문구를 사용해 구성
- 본문에는 반드시 기관명과 웹사이트 주소를 자연스럽게 노출
- 이용자나 관계자의 긍정적인 후기를 인용 형태로 넣기

위의 정보와 지침을 참고하여 "AI 길찾기 서비스" 홍보기사 형식의 자료를 작성해 줘.

이렇게 구체적으로 지시하면 챗GPT가 의도에 맞는 기사를 작성해 줍니다. 챗GPT 말고도 클로드나 다른 AI들도 훌륭한 결과물을 보여주니 여러 가지 취향에 맞는 AI를 활용해 보세요. 기사의 퀄리티가 상당히 좋은 편이니 빠르게 기사 초안 작성이 필요할 때 활용하기를 바랍니다.

법무 검토 시간을 획기적으로 줄여 볼까?

법을 위반했다고?!!!!
끄아아악!!

어느 날 팀장님이 말했습니다.

"우리가 팔고 있는 A 상품이 전상법 21조 위반 소지가 있다고 하네요. 무슨 내용인지 확인 부탁해요."

'전상법?', '21조?', '법 위반?' 도대체 이게 무슨 말인가 얼떨떨했습니다. 전상법은 '전자상거래 등에서의 소비자 보호에 관련 법률'을 줄여 부르는 말이었어요. '전상법'이라고도 하고, '전자상거래법', '상거래법'으로 부르기도 합니다. 그런데 이 법을 위반했다는 게 도대체 무슨 뜻일까요? 전자상거래법서는 온라인상에서 상품을 판매할 때 해서는 안 될 금지 행위를 정해두었는데, 당시에 회사에서 판매하던 상품 페이지에 과장이라고 오해될 만한 내용이 있었던 것입니다.

어느 정도 규모가 있는 회사는 자체 법무팀이 있거나, 아니면 법무법인의 도움을 받기도 하지만, 법무팀이 없거나 법무법인을 고용할 여력이 되지 않는 경우, 혹은 법무팀이 있더라도 검토에 시간이 걸려 1차 검토는 실무에서 해야 하는 경우도 있답니다.

전자상거래법, 정보통신망법, 개인정보보호법 같은 법률은 실제로도 자주 언급되기도 하고, 대부분 회사가 규제를 받는 분야입니다. 시간이 되면 국가법령정보센터 사이트 www.law.go.kr에서 전체 법조문을 읽어 봐도 좋지만, 현실에서 몇 페이지나 되는 법령을 읽을 시간도 없거니와 사실 읽어도 무슨 말인지 잘 이해가 가지 않습니다.

이럴 때 AI를 활용해서 회사와 관련된 기본적인 법령을 확인하고 법 위반 사항을 알아볼 수 있습니다. AI가 만능은 아니지만, 도움을 받을 곳이 없다면 스스로 확인할 방법을 알아둡시다.

비즈니스별로 규제받는 법령이 각기 다릅니다. 법령은 헌법, 민법, 형법, 상법과 같은 일반법 외에도 산업별, 특별법이 아주 많습니다. 처음부터 업무와 관련된 모든 법령을 파악하기란 쉽지 않으니, AI를 활용해 알아봅시다.

챗GPT에 **"대한민국에서 온라인 쇼핑몰을 운영하려고 할 때 지켜야 하는 법령이 뭐가 있는지 알려줘. 정확한 법령명으로 알려줘"**라고 프롬프트를 입력하면 온라인 쇼핑 관련법을 리스트업해 줍니다. 그 답변을 참고해서 비즈니스와 관련 있는 법령을 포괄적으로 이해하는 데 도움을 받을 수 있습니다.

하지만 관련 법령을 봐도 당장 이게 내 업무와 어떤 연관이 있는지 파악하기는 쉽지 않습니다. 우리가 필요한 것은 해당 법령에서 어떤 항목을 규제하고, 해당 규제를 지키지 않았을 때 어떠한 처벌을 받는지에 대한 내용입니다. 그럴 때는 이렇게 요청해 봅시다.

'전자상거래 등에서의 소비자보호에 관한 법률'에서 주요 규제 항목과 벌금을 표로 정리해 줘. 관련 조, 항, 호, 목을 같이 표시해 줘.

이처럼 법령명을 언급하고 주요 규제에 대해 정리해 달라고 하면, 규제 항목과 관련 벌금을 표로 요약해 줍니다.

조금 더 자세한 법령이 필요하다면, 국가법령정보센터 사이트에서 운영하는 AI에 문의해 봅니다.

'조, 항, 호, 목' 은 법률을 구성하는 단위예요. 법령 '제1조 2항 3호 가목'으로 구성되지요.

코난쌤의 깨알팁!

AI로 법률 검토 시 주의할 점!

AI는 케이스별 법률 검토가 아닌, 일반적인 법령에 대한 정리만 합니다. 챗GPT의 답변에는 법적 책임이 없습니다. 그러니 해당 법령과 규제에 대해서는 법무팀과 논의하기 전 참고 자료, 또는 실무에서 관련 법을 이해하기 위한 스터디 자료로만 사용하는 것을 추천합니다. 구체적인 내용은 국가법령정보센터에서 직접 법령 내용을 살펴보거나 법무팀, 법무법인 등 법률 전문가에게 크로스 체크를 받는 것이 좋습니다.

공들여서 재미있고 참신한 기획을 했더니 법무팀 검토 단계에서 '이건 OO 법 위반이라 하시면 안 됩니다' 하는 얘기를 몇 번이고 들은 적이 있습니다. 그럴 때는 기획 방향을 다시 잡아야 해서 지금까지 했던 내용을 파기하고 다시 처음으로 되돌아가 일을 해야 합니다.

그런 일이 일어나기 전에 챗GPT를 활용해서 사업과 관련된 법령을 어느 정도 이해한다면 법무팀과 이야기도 편해집니다. 예를 들어, 법무팀에 '이런 거 해도 되나요?' 하고 단순하게 질문하는 것과 '신규 과제로 인해 사용자 정보를 수집해야 하는데, 개인정보 수집 이용 동의를 받고 3년간 보관하려 합니다. 그 외 추가로 고려해야 하는 법적 이슈가 있을까요?' 하고 질문하는 것은 큰 차이가 있습니다.

비즈니스와 관련된 법령까지 똘똘하게 파악하고, 조금 더 프로답게 일해 봅시다!

관련 법 규제뿐만 아니라 이용약관, 개인정보 처리 방침을 AI에 작성하게 할 수도 있고, 고객과의 분쟁 시에도 관련 법령을 찾아볼 수 있어요!

전문가처럼 보이고 싶다면?

으아악!! 왜 이렇게
줄여 말하는 거야!

회사에 입사하면 생전 처음 들어보는 용어를 접하게 됩니다. KPI Key Performance Indicator, OKR Objectives and Key Results, ROI Return on Investment, CRM Customer Relationship Management, ERP Enterprise Resource Planning 같은 용어들은 회사에서 처음 들어본 용어들입니다.

이런 낯선 용어들이 나오면 흠칫 놀라기도 하고, 안 그래도 어려운 회사 생활이 더 멀게만 느껴집니다. 하지만 이런 용어들을 잘 알아두면 동료들과 원활하게 소통할 뿐만 아니라 조금 더 전문가처럼 보이기도 합니다.

또한 전문 용어를 사용하면 챗GPT의 답변 퀄리티가 더욱 올라갑니다. 예를 들어, 앞쪽에서 우리는 UX 라이팅을 위해 **'조금 더 말랑말랑한 말투로 고쳐줘'**라고 요청했습니다. 이를 **'UX 라이팅에서 자주 사용하는 프레임워크를 사용해서 고쳐줘', 'GROW 방식을 이용해서 다시 고쳐줘'** 하며 전문 용어를 섞어 요청하면 조금 더 구체적인 방식으로 문장을 고쳐준답니다.

프레임워크 Framework란 이미 만들어진 틀을 뜻합니다. 챗GPT에 'UX

라이팅에서 자주 사용하는 프레임워크를 알려줘', '데이터 분석에서 자주 사용하는 프레임워크를 알려줘' 같이 명령하면 해당 업계에서 자주 사용하는 방식을 알려줍니다.

  그러니 조금 더 전문적인 결과물을 원한다면, 전문 용어를 이용해서 프롬프트를 작성해 보세요. 그러면 AI가 더욱 전문적으로 답변해 줄 것입니다.

'GROW 방식'은 Goal, Reality, Options, Will의 약자로, 목표 설정, 현실 평가, 옵션 탐색, 실행 계획을 통해 문제를 해결하는 방식이에요.

4장

팀장님의
잔소리를 피하는
업무용 글쓰기

프로 직장인의 공식 문서 작성법

저는 열심히 일만 하면 되는 줄 알았는데, 기안서를 작성해야 한다네요. 기안서가 뭔가요?

기안서는 결재권자에게 의사결정을 요청하는 문서예요. 큰 프로젝트는 기안서를 통해 진행 여부를 승인받아야 할 때도 있어요. 회사마다 다르니 주의하세요!

의사결정의 흔적을 남기자

제가 다녔던 첫 번째 회사는 일을 할지 말지 의사결정이 필요할 때 구두나 간단한 채팅으로 팀장님께 보고하고 결정하는 회사였어요. 그런데 두 번째 회사에서는 모든 일을 진행할 때 '기안서'를 올린 뒤 비용에 대한 '품의서'를 작성한 후 비용까지 결재가 되어야 일을 진행할 수 있었습니다. 진행 절차가 간소화된 회사에 다닐 때는 문제가 없었지만, 공식 문서를 자주 써야 했던 다른 회사에서는 작성법이 낯설어서 많이 헤맸습니다. 심지어 기안서나 품의서, 지출결의서, 공문 같은 문서가 뭔지도 잘 몰랐습니다. 그래서 회사에서 필요한 공식 문서를 작성해야 할 때면 진땀을 흘리며 다른 사람이 작성했던 내용을 베끼기도 하고 반려도 당하면서 힘들게 익혔답니다.

아니, 누가 이렇게 하라고 했어요···!? 응, 나잖아?!!

규모가 조금 큰 회사라면 공식 문서를 작성해야 하는 곳들이 많고, 실제 일을 하는 것보다도 일이 시작되기 전에 승인받는 절차가 더 까다로운 경우도 많습니다. 다소 까다로운 절차이지만, 회사에서 책

임과 권한을 명확히 하기 위한 절차이니 잘 따라야 합니다.

회사 양식에 맞춰 쓰기

공식 문서 작성을 요구하는 회사들은 대부분 양식이 정해져 있습니다. 하지만 상세 내용은 우리가 채워야 하지요. 일반적으로 기안서 양식은 제목과 결재자를 작성하는 큰 틀은 정해져 있지만, 정작 채워야 할 내용에 대해서는 '상세 내용'으로 열린 형태가 많습니다.

이렇게 열린 문서를 작성할 때 가장 중요한 것은 '두괄식' 문서 작성법입니다. 기안서의 목적은 결재자에게 문제와 해결 방안을 공유하고 승인을 받기 위함입니다. 우리의 문서를 결재해 줘야 하는 조직장과 리더들은 매우 바쁩니다. 만약 결론을 뒤에 제시하면, '그래서 뭘 해야 한다는 거지?' 하고 '반려' 버튼을 누르거나 작성자를 찾아 자세히 설명해 달라고 하는 일이 벌어집니다. 결재자와 면담하듯 기안서를 리뷰해야 하는 일은 피해야겠지요? 그래서 결재자 관점에서 가장 궁금한 내용을 파악해서 그 내용을 가장 먼저 전달해야 합니다.

챗GPT는 작성된 글의 구조 변경을 아주 잘해요!

결재자의 성향에 따라 다르겠지만, 일반적으로 기안서나 품의서, 공문에는 화려한 미사여구가 필요하지 않습니다. 불필요한 수식어구는 과감히 생략하고 짧게 작성하는 게 좋아요. 떠오르는 생각들을 공식 문서에 맞추고 싶을 때, 간략하게 작성해야 할 때는 AI를 이렇게 활용해 보세요.

> "아래 작성한 내용을 회사에 제출해야 하는 공식 기안서 형식으로 다시 작성해 줘."

만약 회사에서 사용하는 공식 문서의 양식이 세분되어 있다면, 직접 작성한 내용을 해당 문서 양식에 맞춰 재작성할 수 있습니다. 특히 챗GPT는 기존의 글을 다른 형태로 바꾸는 데 특화되어서 이런 일에 제격이지요. 프로젝트 기획안 양식을 챗GPT에 첨부 이미지로 업로드한 후, 그 내용을 채워 워드 문서로 만들어 달라고 요청했습니다.

 메모를 줄 테니 기획서를 작성해 줘.
양식은 내가 첨부한 이미지 파일을 참고해 줘.

사실: 샴푸 향이 오래가지 않는다
숫자: 베이스노트는 대략 6시간 정도 간다
의견: 베이스노트를 더 길게 유지해서 향이 오래가는 샴푸라는 것을 강조하는 마케팅을
하면 어떨까?

이렇게 AI에 양식을 주고 메모에 관련된 내용을 넣어 달라고 요청해서 회사에 필요한 공식 문서에 맞게 작업한 기획서를 만들 수 있습니다. 회사 양식을 이미지로 첨부해도 되고, 워드 문서로 만들어 첨부한 후 양식을 활용해 달라고 해도 됩니다. 그러면 해당 문서 양식을 이해하고 양식에 맞춰 글을 재정리해 준답니다.

양식이 없다면 직접 만들기

만약 회사용 양식이 없다면, 각 문서의 목적에 맞는 양식을 직접 만드는 것도 방법입니다. 가끔 외부 업체와 협업해야 할 때, 상대편 회사 측에서 공문을 요청할 때가 있어요. 그런데 회사에 공문 양식이 없으면 곤란할 때가 생깁니다. 그럴 때면 급하게 인터넷에 올라와 있는 다른 회사의 공문이나 정부 기관, 공공기관에서 사용하는 공문을 뒤져 양식을 만들고, 회사 직인을

받아 사용할 수밖에 없습니다. 하지만 지금은 우리가 필요한 양식을 찾기 위해 이렇게 고생할 필요가 없습니다. 이렇게 AI를 활용할 수 있으니까요.

> 다른 회사에 프로젝트 마감 일정을 공유하는 공문을 작성하려고 해. 우리 회사 이름과 주소, 전화번호와 수신인 정보, 직인 찍는 칸도 추가해서 표로 워드 문서를 만들어줘.

프로젝트 마감 일정 공문

발신자	ABC Company
주소	1234 Street Name, City, Country
전화번호	+82 10-1234-5678

수신자: XYZ Company

날짜: 2024-10-07

안녕하세요,

저희 ABC Company 에서 진행 중인 프로젝트의 마감 일정에 대해 아래와 같이 안내드립니다.

프로젝트 마감일: 2024 년 10 월 31 일

추가 문의 사항이 있으시면 언제든지 연락 주시기 바랍니다.

감사합니다.

직인

챗GPT에서 MS word 문서를 요청한 결과

이런 방식으로 공문서 양식도 금방 만들 수 있습니다. 단, 모든 문서 작성이 마무리되면 반드시 검토하는 과정을 거쳐야 합니다. 맞춤법을 확인하고 내용에 오류가 있는지, 문장이 자연스러운지, 전달하고자 하는 내용이 명확한지 등을 꼼꼼히 확인해 주세요. 스스로 검토한 후에는 가능하다면 다른 사람에게 부탁해서 읽어봐 달라고 하는 것도 좋습니다. 제삼자의 시선에서 문서를 바라보면, 미처 발견하지 못했던 부분을 찾기 마련입니다.

이제 회사의 공식 문서도 두려워하지 마세요!

일한 티를 내는 사내 공지를 쓰자

일을 했는데도 왜 혼이 날까요?
내가 일을 다 했다고 여기저기 알려야 하는 건가요?

회사는 단체 생활을 하는 곳이에요. 함께 일하는
동료들에게 영향이 가는 일이라면 사전에 꼭 안내를
해줘야 해요. 동료들에게 공지하고 가이드하는 일,
절대 놓치지 마세요!

열심히 일하고도 혼나지 말자

예전에 고객센터의 상담 프로그램을 만들었던 경험이 있습니다. 상담원들에게 필요하다고 판단하고 열심히 신규 기능을 만들어서 반영했는데 사전에 공지하지 못했어요. 그랬더니 고객센터 상담원분들이 새로 생긴 기능 사용법을 헷갈려 해서 큰 혼란을 초래했어요. 그 탓에 상사에게 크게 혼이 나고 결국 기능을 모두 원상 복구했던 적이 있습니다. 열심히 일하고도 혼이 난 저는 나중에 기능 설명서와 사용 가이드를 작성하고 사용자들이 학습 시간을 충분히 가지게 한 뒤 다시 그 기능을 반영했습니다.

그때는 제 일이 어디까지 영향을 미치는지 미처 파악하지 못했습니다. 이 사건 이후에는 내가 하는 일이 회사에 어떤 영향을 미칠지 따져보고, 어디까지 공유하고 알려야 할지, 어떻게 안내해야 할지까지 고민하게 되었습니다. 그리고 대부분 일이 처음부터 사전 공지를 하고 준비한다면 큰 문제가 없다는 걸 깨닫게 되었지요. 여러분은 저와 같은 실수를 하지 않았으면 좋겠어요! 자신

당장! 롤백(roll-back)
(이전으로 되돌리기)
시켜!!

이 처리한 일이 회사에 혼란을 주지 않도록 함께 일하는 직원들을 대상으로 공지를 써 봅시다. 자, 일하는 티를 한번 내볼까요?

공지, 할지 말지 고민될 때는 무조건 하자

동료들에게 쓰는 공지는 보통 '사내 공지'라고 부릅니다. 사내 공지는 고객이나 사용자 대상으로 작성하는 '고객 공지'와는 조금 다르게 접근해야 합니다. 고객 공지는 최대한 간결하고 친근하며 쉬운 용어로 작성하지만, 사내 공지는 회사 조직원들만 보는 만큼 조금 더 자세하고 전문적인 내용을 포함해 작성하는 경우가 많습니다. 회사에서 통용되는 내부 용어나 기술적인 내용이 포함되기도 하지요. 무엇보다 임직원들이 잘 이해할 수 있게 작성하는 것이 포인트입니다.

보통 공지는 아래와 같이 개요를 먼저 잡고 작성하는 게 좋아요. 어드민 Admin에 새로운 기능이 생겨 사내 공지를 해야 한다고 합시다. 그러면 기능에 대한 간단한 설명, 기능을 사용하는 방법, 유의 사항 그리고 도움이 필요할 때 어디로 연락해야 하는지 등을 공지로 알려야 합니다. 지금부터 공지에 들어갈 내용을 간단하게 목록 형태로 메모해 볼게요.

<메모>
- **기능**: 상담 후 고객에게 안내할 내용을 잊지 않도록 알려주는 기능
- **사용 방법**: 상담 기록 메뉴에서 '알리미' 버튼을 클릭
- **유의사항**: 최대 10개까지 알리미 등록 가능, 2024년 10월 2일부터 사용 가능
- **담당자 연락처**: 피넛 010-1234-5678

이제 이렇게 메모한 내용을 토대로 클로드를 이용해 공지를 작성해 보겠습니다.

메모 내용을 기반으로 사내 임직원들에게 공지해 줘:

[공지 주제]: 상담 알리미 기능 추가

메모:

– **기능:** 상담 후 고객에게 안내할 내용을 잊지 않도록 알려주는 기능

– **사용 방법:** 상담 기록 메뉴에서 '알리미' 버튼을 클릭

– **유의사항:** 최대 10개까지 알리미 등록 가능, 2024년 10월 2일부터 사용 가능

– **담당자 연락처:** 피넛 010-1234-5678

공지 구조:

1. **제목:** [공지] 접두어 사용

2. **내용:** 주요 내용 요약 및 세부사항 설명, h3 구조로 작성

3. **문의 안내:** 담당자 정보 제공

4. **톤:** 전문적이면서 간결하고 친근한 어조, 상투적인 표현 제외

그랬더니 이렇게 출력 결과가 나왔습니다.

[공지] 상담 알리미 기능 추가 안내

안녕하세요, 임직원 여러분

상담 업무의 효율성과 고객 만족도 향상을 위해 '상담 알리미' 기능이 새롭게 추가되었음을 알려드립니다. 주요 내용을 아래와 같이 안내해 드리오니 업무에 참고 바랍니다.

기능 소개

상담 후 고객에게 안내할 내용을 잊지 않도록 알려주는 '상담 알리미' 기능이 도입되었습니다.

사용 방법

상담 기록 메뉴에서 '알리미' 버튼을 클릭하여 간편하게 이용하실 수 있습니다.

주요 유의사항

• 알리미는 최대 10개까지 등록 가능합니다.
• 2024년 10월 2일부터 사용 가능합니다.

본 기능에 대해 궁금한 점이나 문의사항이 있으시면 아래 담당자에게 연락 주시기 바랍니다.

담당자: 피넛 (010-1234-5678)

새로운 기능을 통해 더욱 향상된 고객 서비스를 제공할 수 있기를 기대합니다. 임직원 여러분의 적극적인 활용 부탁드립니다.

이렇게 나온 출력물을 잘 다듬어서 공지를 완성하면 됩니다. 이해를 돕기 위해 기능 설명에 대한 화면도 추가하면 좋습니다.

사전에 사내 공지를 하면, 관련자들이 살펴보고 미리 내용을 파악할 수 있어 혼란을 줄일 수 있습니다. 저 역시 가끔은 '이런 사소한 부분까지 공지하는 게 맞을까?', '다 알지 않을까?' 하고 공지를 하지 않을 때도 있었습니다. 하지만 사전 공지를 하지 않으면 종종 예상하지 못한 일들이 터지곤 해요. 내가 사소하다고 생각한 부분이 다른 팀에는 중요한 업무라서 변경이 되면 안 된다던가, 때로는 생각보다 큰 영향을 줄 수도 있어 문제가 클 경우 다른 팀으로부터 항의를 받을 수 있습니다. '공지할까 말까?' 하고 고민될 때는 일단 하는 게 어떨까요?

> '다 알겠지?' 하면 모르고, '아무도 모르겠지?' 하면 다 알고 있는 것이 회사 생활 국룰!

조금 과해도 되는 업무 공유

새로운 기능에 대한 공지가 아니더라도 자신이 진행하는 일에 영향을 받는 부서를 찾거나, 의견을 받고 싶을 때, 미리 알려야 하는 어떤 일이든 사내 공지를 활용할 수 있습니다.

사내 시스템에 올라오는 거창한 공지글이 아니더라도 협업 부서와 함께 있는 단체 채팅방에 공지하는 것도 사내 공지에 포함됩니다. 주요 업무를 공지하는 단체 카톡방을 만들어 필요한 팀에게 사내 공지를 하기도 합니다. 카톡방에 올라갈 만한 내용으로도 충분히 공지해도 되니 꼭 주변을 둘러보고 '우리가 이런 일을 준비하고 있다', '영향받는 분이 있으면 알려달라' 하고 꼭 알리는 게 좋습니다.

공유는 조금 과하게 해도 됩니다. 공유가 안 돼서 놓치는 부분이 생기는 것보다는 조금 과하더라도 미리 공유하면 '그때 공유했는데요' 하고 할 말이 생기거든요. 주변 동료들을 위해서도, 나를 위해서도 공유, 공지는 많이 해 주세요.

어드민의 새로운 기능을 예시로 들었지만, 사내 공지는 그밖에 다양한 용도로 활용됩니다. 인사팀이라면 새로운 인사 정책이 변경될 때, 신입사원을 위한 교육 프로그램이 생길 때, 회계팀이라면 부서별 예산 정책에 대한 변경을 안내할 때, 그리고 새로운 제품이 출시되거나 마케팅 프로모션을 준비하는 것과 관련된 공지도 있지요. 기획팀, 마케팅팀, 영업팀 모두 활용할 수 있는 게 사내 공지랍니다.

그러니 자신이 어떤 일을 하고 있는지 다른 사람들에게 꼭 알려주세요. 그래야 문제가 생길 수 있는 다양한 상황을 미리 찾고 개선할 수 있습니다.

공유하고 널리 알리기, 잊지 마세요!

비즈니스 이메일은 정중하게

사실 업무 관련 메일을 외부에 보낼 때 내용보다 어떤 톤으로 써야 할지가 더 어려워요. 마냥 친근하게 쓰기도, 또 너무 딱딱하게 쓰기도 그렇잖아요!

회사를 대표해서 메일을 보낼 때는 조금 더 정중하고 공식적으로 작성하는 게 좋아요. 처음부터 너무 격식을 갖추지 않고 대하면 외부 업체에서 예의가 없다고 생각할 수도 있어요.

메신저와 메일의 차이

유난히 다른 회사와 협업이 잦은 회사가 있습니다. 이처럼 협업하는 회사를 타사, 협력사, 파트너사, 제휴사, 외주사 등으로 부릅니다. 내부 임직원들과는 사내 메신저나 채팅, 쪽지를 이용해서 주로 일을 하지만, 협력사 분들과는 메일을 이용해서 소통하는 경우가 많습니다. 내부 임직원들과는 때에 따라 편하고 친근하게 얘기해도 되지만, 다른 회사 직원들과 일할 때는 아무래도 공식적이고 정중한 비즈니스 톤으로 메일을 작성해야 합니다. 저역시 협력사와 메일로 협업해야 하는 일이 많았을 때, 처음 몇 달간은 메일을 보내기 전에 팀장님께 꼭 확인을 받는 과정을 거쳤습니다. 그러면서 정중하게 메일 작성하는 방법을 배웠지요.

협력사에 보내야 할 메일을 사전에 팀장님께 보내서 첨삭을 받는 과정을 거쳤는데 매번 빨간펜 첨삭이 된 회신을 받아서 '아직도 갈 길이 멀구나…' 하고 반성도 하고, '협력사에 메일을 보낼 때는 더 예의를 갖춰서 꼼꼼하게 내

삭제! 삭제! 이것도 삭제!! 다시 써와욧!!!

용을 채워야겠다' 하며 고민했답니다.

   같은 회사의 임직원들과도 사내 메신저나 쪽지는 비교적 가볍게 소통하지만, 메일로 업무 관련 소통을 할 때는 기록으로 남는 공식적인 대화임을 명심하세요. 분명히 조금 전까지 메신저로 얘기하던 일이었는데, 몇 분 뒤에 상대방이 "메신저로는 내용이 길어져 함께 공유해야 하는 분들을 참조하여 메일로 다시 보내겠습니다" 하고 메일을 보내기도 합니다. 메일을 보내기 시작하면, 그 메일에 참조되는 분들이 관련 내용을 다 지켜보고 계시니 조금 더 정신을 바짝 차려야 했습니다.

   회사에서 메신저나 쪽지는 휘발되는 대화라면, 메일은 오래도록 저장되는 기록용 소통 도구입니다. 그렇기에 메일에는 조금 더 정중하게, 공식적인 내용을 담아야 하지요. 반면 실시간 대화하듯 나누는 메신저와 달리 메일은 조금 더 시간을 두고 작성할 수 있기에 꼼꼼하게 내용을 확인하거나, 화가 나는 일이 생겨도 화를 식히고 차분하게 다시 쓸 수 있는 시간이 생긴다는 장점이 있습니다. 실수를 줄일 수 있는 시간을 번 거죠!

   아무리 그래도 메신저로는 쉽게 나누었던 업무 관련 대화를 공식적인 내용을 담아 비즈니스용 메일로 쓰려고 하면 늘 어렵게 느껴집니다. 비즈니스 이메일은 어떻게 쓰는지 한번 알아봅시다.

술술 읽히는 비즈니스 이메일을 쓰기

   비즈니스 이메일을 작성할 때 가장 중요한 것은 바로 수신자가 내용을 쉽게 이해할 수 있도록 쓰는 것입니다. 아무리 중요한 내용이라도 읽는 사람이 이해하기 어렵다면 아무 소용이 없어요. 보고서를 작성할 때 주요 독자인 팀장님의 스타일을 고려해서 작성하듯이, 이메일을 쓸 때도 수신자의 입장에서 생각하고 작성해야 합니다.

이메일에 여러 가지 내용을 전달해야 할 때는 항목을 나열하는 것이 좋습니다. 복잡한 주제나 여러 단계가 필요한 작업을 설명할 때는 번호나 글머리 기호를 활용해 보세요. 이렇게 번호나 글머리 기호를 넣어 작성하는 것을 '개조식 글쓰기'라고 합니다. 개조식 글쓰기는 중요한 사항만 빠르게 확인할 수 있고, 가독성이 좋아서 많은 직장인이 선호하는 글쓰기입니다.

개조식 글쓰기 샘플

"프로젝트 진행을 위해 다음 사항을 확인 부탁드립니다."
- 예산안 검토 및 승인 현황
- 프로젝트 일정 수립
- 인력 배정 및 역할 분담
- 파트너사 섭외 및 계약

위 사항을 금주 내로 진행하고, 다음 주 월요일까지 결과 공유를 부탁드립니다.

이런 식으로 항목을 나열하면, 수신자는 어떤 내용을 확인해야 하는지 명확히 알 수 있습니다. 이메일에 포함해야 할 내용이 많다면, 이렇게 항목별로 정리해 보세요. 개조식으로 작성된 이메일은 읽기도 쓰기도 쉽습니다. 만약 여러분이 작성한 메일 초안을 빠르게 개조식으로 다시 작성하고 싶다면, 다음과 같이 챗GPT에 요청합니다.

다음은 내가 작성한 이메일이야. 이해를 돕기 위해 항목을 나열해서 메일을 다시 작성하고 싶어. 개조식으로 다시 써줘.

''' 이메일 내용 '''

감정을 빼고 담백하게 적기

　비즈니스 이메일에서 명심해야 할 것이 또 하나 있습니다. 바로 감정을 자제하는 것입니다. 특히 부정적인 감정은 절대 드러내서는 안 됩니다. 화가 나거나 실망스러운 일이 있어도 이메일에서는 감정을 드러내기보다는 객관적인 태도를 유지하는 것이 좋습니다.

앗, 그때 왜 이렇게 화를 냈지? 지금 보니 너무 부끄럽잖아…!

이메일은 공식 기록의 역할을 하니 그 내용이 오래 갑니다. 작성한 메일에 회신, 회신, 회신으로 계속 이어지는 경우가 많아서 한번 작성한 내용이 오래도록 모든 사람에게 보일 수 있지요.

　예를 들어, 프로젝트가 계획대로 진행되지 않아 속상한 마음이 들 수 있습니다. 하지만 이런 마음을 그대로 이메일에 옮기면 다른 회사에 공식적으로 불만을 표현한 것이 되어 회사와 회사 간의 관계 문제로 이어질 수 있습니다. 나중에 스스로 창피해지는 것은 덤이지요. 그러니 메일을 쓸 때는 '감정을 덜어내기', '흥분하지 않기'를 꼭 기억해 주세요. 비즈니스 이메일에는 사실 기반의 내용만 담백하게 담습니다. 만약 화가 쉽사리 가라앉지 않거나 내가 쓴 글에서 감정을 어떻게 덜어내야 할지 잘 모르겠다면, 자신이 쓴 이메일을 챗GPT에 보여주고 이렇게 요청해 보세요.

다음은 내가 쓴 이메일이야. 사실에 기반해서 객관적인 태도로 작성했는지 확인해줘. 혹시 감정적으로 작성한 부분이 있다면 그 부분을 수정해줘.

''' 이메일 내용 '''

때로는 기계라서
다행이다 싶을 때가
있지요! (화를 참자….)

챗GPT는 기계이지만, 인간의 감정을 잘 파악해서 비즈니스용 메일을 아주 잘 다듬어준답니다.

만약 수신자와 친밀함이 생겼다면, 조금 더 부드러운 내용을 담아도 좋습니다. 수신자와 최근에 주고받은 정보를 잘 활용하면 좋습니다. 상대방의 근황을 언급하거나 이전 대화 내용을 자연스럽게 녹여내면, 훨씬 더 정중하고 따뜻한 이메일이 될 수 있어요. 예를 들어, 최근에 수신자가 결혼했다는 소식을 들었다면, '결혼 축하해요! 신혼여행은 로마로 가신다고 들었는데, 잘 다녀오셨나요? 이탈리아의 봄 날씨가 정말 좋다고 하더라고요'라는 문장을 포함할 수 있습니다. 또는 수신자가 지난 미팅에서 새로운 프로젝트에 대한 아이디어를 언급했다면, '지난 미팅에서 말씀해 주신 신규 프로젝트 아이디어에 대해 팀원들과 논의해 봤습니다. 몇 가지 실행 방안을 정리해 봤는데, 검토 부탁드려요'라고 쓸 수 있어요. 이렇게 상대방과 주고받은 개인적, 업무적 정보를 적절히 활용하면, 훨씬 더 유대감 있고 효과적인 이메일을 작성할 수 있습니다.

비즈니스용 메일이라고 겁먹을 필요는 없습니다. 정중하게, 사무적으로, 포멀 formal하게 작성해 봅시다.

지식을 전파하는 콘퍼런스 보고서

간만에 업무에서 벗어나 콘퍼런스를 들으니 무척 좋았어요. 그런데 콘퍼런스에 다녀온 내용도 보고서를 써야 한다니요. 너무해….

회사 비용으로 교육이나 콘퍼런스에 참석했다면,
정보 공유 차원에서 보고서를 써야 할 때도 있답니다.

회사의 시간을 썼다면 아웃풋 내기

회사 안팎으로 교육이나 콘퍼런스, 세미나, 워크숍 같은 프로그램에 참석한 적이 있나요? 어떤 회사에서는 바쁘지 않은 상황에 자유롭게 외부 교육이나 콘퍼런스에 참여할 수 있어요. 회사 사업이나 업계와 관련된 교육을 들으러 가는 거지요. 회사 일만 하다 보면 트렌드 변화나 전문가의 의견을 얻기 어려운데, 콘퍼런스에 가면 시야를 넓히고 변화한 업계 환경을 느끼기도 하며 트렌드를 파악할 수도 있어서 개인의 역량 개발에 아주 좋습니다.

콘퍼런스에 다녀온 후 간단하게 구두로 소감을 나누는 정도로 끝나는 회사도 있지만, 어떤 회사는 보고서를 써야 하기도 합니다. 콘퍼런스 보고서는 업무 시간을 빼고 다녀오는 자리인 만큼 잘 다녀왔다는 증빙으로 문서화해 두는 용도입니다. 무료 콘퍼런스라도 업무 시간에 다녀왔다면 근거 자료를 만들어두는 것이 좋습니다. 비용을 내고 가는 유료 콘퍼런스도 있는데, 이럴 때 회사 비용을 쓰는 만큼 결과가 나와야 하지요.

세상에 공짜가
어딨어~?

콘퍼런스 보고서의 가장 큰 목적은 증빙이지만, 내가 경험한 좋은 인사이트를 동료들에게 나눠주기 위함도 있습니다. 모든 직원이 콘퍼런스에 갈 수 없으니 회사 대표로 가서 지식을 습득하고, 내가 들은 내용을 회사 사람들에게 나눠주는 것입니다. 지식의 선순환 고리를 만드는 거죠!

내가 얻은 지식을 같이 나눠야 하는구나!

그 밖에도 콘퍼런스 보고서를 쓰다 보면 스스로 내용이 정리되기도 합니다. 윗선의 요청으로 보고서를 쓰지만, 자신이 보고 들은 내용을 스스로 정리한다는 마음으로 접근하면, 외부에서 들은 좋은 내용들을 요약해서 내 것으로 만드는 데 아주 좋은 기회가 됩니다.

그래서인지 콘퍼런스 보고서가 필수가 아니 회사에서도 외부에서 좋은 경험을 하고 온 동료들이 누가 시키지 않아도 스스로 콘퍼런스 후기를 써서 공유하기도 합니다. 마치 블로그를 쓰듯 '어떤 콘퍼런스'에 다녀왔는데 '이런 게 새로웠어요, 신기했어요, 좋은 인사이트를 얻었어요' 하고 글을 써서 공유해주는 거예요. 공유받은 글을 읽다 보면 간접 경험이 되기도 하고, 나도 다음에는 좋은 경험을 나누고 싶다는 생각이 든답니다.

자신에게도, 동료들에게도, 회사에도 득이 되는 콘퍼런스 보고서, 이제 어떻게 써야 하는지 하나씩 짚어 봅시다.

콘퍼런스 관련 기본 정보는 충실히

콘퍼런스 보고서에는 기본적으로 콘퍼런스의 기본 정보와 내용 요약, 회사 비즈니스와의 연관성이 포함되어야 합니다. 콘퍼런스의 기본 정보는 주제, 진행된 날짜, 장소, 주최자의 정보 등입니다 그중에도 가장 중요한 것은 주제와 주최자의 정보입니다. 예를 들어 '개인정보보호위원회'에서 'AI와 개인정보'라는 주제로 콘퍼런스가 개최된다고 가정해 보세요. '개인정보보호위원회'는 이름에서도 느껴지듯 개인정보와 관련된 규제와 감독을 수

**콘퍼런스는
주최자에 따라
내용이 크게
달라진다는 사실!**

행하는 정부 기관입니다. 그러니 해당 기관에서 AI 와 관련된 콘퍼런스를 진행한다면, 개인정보 침해 사건을 통해 어떻게 하면 더 개인정보를 보호할 수 있을지와 관련된 내용으로 진행될 것입니다. 그렇다 면 'AI 분야의 개인정보 규제가 논의되었겠구나' 하고 짐작하며 해당 보고서를 읽어 내려갈 수 있습니다.

만약에 같은 'AI와 개인정보'라는 내용이지만, 네이버 에서 콘퍼런스를 주최한다면 어떨까요? 네이버는 자체 AI 기술로 클로바, 네이버 랩스 로보틱스 등을 운영하며 AI 기술로 새로운 서비스를 만들어내 려고 노력하고 있습니다. 그러니 같은 주제라 하더라도 네이버가 주최자가 된다면, AI 서비스 진흥과 연구 결과를 공유하거나 긍정적으로 활용하는 사례에 관해 이야기할 확률이 큽니다.

경험이 많은 사람이라면, 콘퍼런스 주제와 주최자만으로도 어떤 내용의 콘퍼런스인지 척척 알아내곤 합니다. 권위 있는 연사가 참석하여 발언하는 내용을 통해 주최 측의 의도와 향후 방향까지 점쳐볼 수 있습니다. 그러니 기본 정보를 빼놓지 않고 기재해 주세요.

비즈니스 관점으로 내용을 정리하기

기본 정보를 작성한 이후에는 본격적으로 콘퍼런스 내용을 적습니다. 그 런데 콘퍼런스의 모든 내용을 다 정리해야 할 필요는 없습니다. 주요 내용 과 핵심 메시지만 담으면 충분합니다.

기조연설은 전체 콘퍼런스의 주제와 방향을 정하는 내용을 언급하기 때 문에 중요합니다. 기조연설만 잘 메모해 둬도 콘퍼런스의 중요성과 가치가 담겨 보고서의 신빙성이 올라가므로 이때 메모를 많이 해두세요. 규모가 있는 콘퍼런스라면 기조연설의 내용만으로도 바로 기사화가 되기 때문에 콘퍼런스 관련 기사를 찾아보면서 자신이 메모한 내용과 결이 맞는지 체크해 보는 방법도 좋습니다.

콘퍼런스 내용 정리를 위해 가장 중요한 것은 '메모'입니다. 메모할 때는 사실, 구체적인 수치, 자기 생각을 담는 것이 중요합니다. 자주 언급되는 키워드에 집중한 후, 키워드에 대한 발언이나 의견 등을 중심으로 사실을 메모해 보세요. 사실에 대한 구체적인 수치가 있다면 더욱 좋습니다. 예를 들어, 콘퍼런스에서 개인정보 보호를 위한 규제가 필요하다는 발표를 듣고 아래와 같이 메모해 보았습니다.

<메모>
- **사실**: 개인정보 유출 피해가 증가하여 규제가 필요하다고 주장함
- **구체적인 수치**: 개인정보 유출로 인한 손해배상액이 23년 9월 15일부터 최대 실손해액의 5배까지 상향되었다고 함
- **내 생각**: 기술적 보안 조치를 강화한다면 해결이 가능할까? 사내 개인정보 정책에 문제는 없는지 점검해 보기

자기 생각을 적을 때는 해당 내용이 회사에 어떤 영향을 미칠지를 먼저 떠올려보면 좋습니다. 개인정보 보호를 위한 규제가 진행될 예정이라면, 회사 내부적으로 미리 개인정보 정책을 점검해 보거나 기술적 보안 조치를 강화한다든가 하는 준비를 할 수 있습니다. 이런 내용을 콘퍼런스에서 듣고 회사 동료들에게 공유하면, 담당 부서에서 미리 대응할 수 있습니다. 기술 트렌드나 시장 동향에 대한 콘퍼런스라면, 우리 회사의 서비스와 어떤 연관 관계가 있을지, 새로운 비즈니스 기회로 이어질 접점은 무엇인지 등을 생각해 보면서 메모해 보세요.

콘퍼런스 들을 때
메모는 필수!

회사 안에 어떤 부서들이 있고, 각 부서가 무슨 일을 하는지 알고 있다면 훨씬 쉬워집니다. 만약 개발팀에 아는 동료가 있는데, 콘퍼런스에서 새로운 개발 방법론에 대한 내용을 들었다면 개발팀 동료에게 이 내용을 알려주고, 이야기를 나누고 싶어집니다. 개발 방법론을 시작으로 개발 문화나 일하는 방식, 서비스에 영향을 준다면 이런 것도 비즈니스적 관점이 됩니다. 꼭 새로운 비즈니스 모델이나 수익과 관련된 것만이 아니라 기업에 직접적, 간접적으로 영향이 가는 부분 모두 고려하면서 정리해 주세요.

쉽게 요약해서 작성하는 콘퍼런스 보고서

간혹 너무 인기가 좋은 콘퍼런스들은 앉아서 듣지 못하고 서서 듣는 경우도 있습니다. 이처럼 메모하기가 쉽지 않을 때는 앞에서도 언급한 '회의록 쓰기'에서 배웠던 클로바 노트를 활용합시다. 요즘 대학생들은 클로바 노트로 강의를 녹음한 후에 이를 텍스트로 변환해서 요약 노트를 만들어 활용합니다. 이 방식을 회의록에도 활용할 수 있지만, 콘퍼런스 내용을 요약하고 보고서를 만드는 데 사용해도 아주 좋습니다.

클로바 노트에 발표 부문을 녹음하고 이 내용을 텍스트로 만들어서 챗 GPT나 클로드 같은 AI 툴에 붙여 넣고 **'이 내용을 콘퍼런스 보고서 용으로 정리해 줘'**, **'이 내용에서 중요한 핵심 내용만 5개 뽑아줘'**, **'첨부한 내용을 비즈니스 관점으로 정리해 줘'**와 같이 프롬프트를 입력해 보세요.

회사에 보고서 양식이 있다면, **'이 내용을 개요, 주요 세션 요약, 동향, 결론 파트로 정리해 줘'**와 같이 보고서 양식으로 정리해 달라고 명령할 수도 있습니다.

다음 프롬프트를 활용하면 녹음 내용을 넣고 바로 보고서 초안을 뽑아낼 수 있습니다.

요즘 공부법을 따라 해 볼까?

위 내용은 발표 내용을 녹음한 거야.

아래 양식을 참고해 보고서 용으로 정리해 줘:

양식:

1. 개요: 주제와 핵심 메시지

2. 주요 세션 요약: 3-5개의 중요 포인트

3. 주요 동향 및 시사점

4. 결론 및 향후 전망

전문 용어가 있다면 간단히 설명을 덧붙여 줘.

이렇게 하면 보고서 콘퍼런스 보고서 작성 시간을 줄일 수 있겠지요! 이런 방식으로 나의 인사이트도 정리하고 회사에 좋은 가치를 전달하는 선순환 보고서를 쉽게 완성할 수 있습니다. 후다닥 콘퍼런스 보고서를 완성하고 차 한잔 마시면서 여유로운 하루를 시작해 보세요.

사죄의 정석, 시말서 작성 기술

죄송합니다! 죄송해서 죄송합니다!!!!
그 비싼 노트북을 그만…, 전 이제 어떻게 되는 건가요? 흑흑!

회사에서 실수나 잘못을 했을 때, 시말서 즉 경위서를
작성하게 돼요. 아무래도 자신의 잘못에 대한 것을 쓰는 일은
유쾌하지 않지만, 최대한 죄송한 마음을 담아서 잘 써봅시다.
누구나 잘못은 하잖아요?

예기치 못할 때 찾아오는 사고

'시말서'라고 하면 뭔가 큰 사고를 일으켰을 때 쓰는 것 같은데, 의외로 일상적인 실수로 인해 쓰게 되는 경우가 많습니다. 지각했거나, 노트북이 담긴 가방을 택시에 두고 내렸다거나, 실수로 노트북에 커피를 쏟아 고장이 났다든가 하는 경우이지요. 시말서라니, 왠지 나와는 상관없는 단어라고 생각하고 싶지만, 의외로 많은 직장인이 시말서를 써 본 경험이 있습니다.

저는 기획자라서 업무 특성상 미팅이 정말 많아요. 한참 일을 하다가 미팅 시간 1분 전임을 알게 되었습니다. 급한 마음에 부랴부랴 노트북을 닫고 출발하려는데, 노트북 모니터와 키보드 사이에 종이가 껴 있는 걸 보지 못하고 세게 닫아 버리고 말았어요. 그 바람에 '우두둑!' 하고 모니터 액정이 깨져 버렸지요. 하필이면 액정이 깨진 노트북은 고가의 맥북이었습니다. 지지직거리는 노트북 액정을 보며 '이거 고치려면 얼마냐!', '월급에서 까이는 건가?', '누구한테 어떻게 말해야 하지', '내가 직접 수리해야 하나', '수리하는 동안 업무는 어쩌지' 등 온갖 생각에 머릿

노노,
오 마이
노트북!!

속이 복잡했습니다. 망연자실한 채 우선은 공책과 펜을 들고 회의에 참석했습니다.

회의가 끝난 후 팀장님께 노트북 액정이 깨졌다는 얘기를 드리니 팀장님은 한숨을 푹 쉬며 총무팀에 얘기해 보라고 했습니다. 총무팀에 노트북 얘기를 하니 액정이 깨진 사유서 즉 시말서를 적어서 내라고 하셨어요. 다행히 노트북 수리비는 청구하지 않았고, 수리가 되는 동안 다른 노트북을 대여해서 사용했지만, 얼마나 아찔했는지 모릅니다.

이 사건을 통해 두 가지를 깨달았습니다. 첫째 언제나 사고는 예기치 못한 순간에 벌어진다는 것, 둘째 진심 어린 사과와 책임감 있는 태도가 중요하다는 점이었습니다. 비록 당시에는 당황스럽고 걱정됐지만, 정직하게 상황을 설명하고 진심으로 사과했기에 큰 문제 없이 해결될 수 있었습니다.

시말서나 경위서는 사실 쓸 일이 없으면 가장 좋겠지만, 언제나 무탈하게 흘러가지만은 않는 게 우리 직장 생활이잖아요. 저와 같은 불의의 사고로 인해 혹시라도 시말서를 써야 할 일이 생겼을 때를 대비해서 시말서 쓰는 법에 대해 알아봅시다.

시말서를 쓰는 마음가짐

시말서는 실수나 잘못을 했을 때 사건의 전말을 설명하고 재발 방지를 약속하는 문서로, 일종의 '반성문'이라고 생각하면 됩니다.

예전에 인터넷 유머 동영상 중에 '죄송합니다. 왜 죄송하냐? 죄송하지 않아서 죄송합니다' 하는 영상이 있었습니다. 사회생활을 하다 보면 죄송하지 않아도 죄송하다고 해야 할 때가 많아서 공감이 가며 웃음이 터졌습니다. 사소한 실수로 시말서를 써야 할 때면, 내가 왜 시말서까지 써야 하나 하는 억울한 마음이 들 수 있습니다. 그러나 절대 시말서에는 억울한 마음이나 변명을 담아서는 안 됩니다. 실제로 억울하더라도 글에는 사고를 회피하거나 변명하는 느낌이 전달되어서는 안 되지요. '시말서를 써라!' 하는 말을 들은 순간 내가 잘못한 것을 인정하는 마음가짐으로 시말서 쓰기를 시작해야 합니다.

단순히 해명만 한다거나, 감정에 읍소하거나, 변명하는 내용이 글에 보였다간 오히려 읽는 이로부터 더 큰 반발을 일으키게 될 수 있습니다. '이 녀석! 아직도 정신을 못 차렸구나! 괘씸하도다!' 하고요. 이런 마음이 조금이라도 문서에 담겼다가는 팀장님 위의 실장님, 본부장님, 사장님에게까지 불려 갈 수 있습니다. 마치 반성문을 장난처럼 쓰면 교장 선생님께 불려 갈 수 있는 것처럼 말입니다.

시말서를 쓸 때 '나는 진지하다', '나는 죄인이다', '다시는 이런 실수를 하지 않겠다', '반성한다', '나는 잘못을 했고 회피하지 않는다', '나는 나의 실수를 받아들인다' 하는 마음가짐이 듬뿍 담겨야 합니다. 그리고 사건이 일어나게 된 과정과 자신이 어떤 잘못을 했는지, 앞으로 동일한 실수를 하지 않기 위해 후속 조치를 어떻게 할 것인지를 글로 담아내면 됩니다.

시말서라도 완벽하게 쓰자

막상 시말서를 쓰려고 하면 막막해지는 게 사실입니다. 보통 인터넷 창을 열어 검색을 해보면 잘 정리된 시말서 샘플을 발견할 수 있습니다. 그 샘플들을 한번 분석해 보니 다음과 같은 내용이었습니다.

시말서에 필요한 항목

1. **상황에 대한 설명:** 상황에 대한 구체적인 설명이 포함됩니다. 예를 들어, 지각의 경우 교통 체증이나 알람 미작동 등으로 인해 예정된 시간에 도착하지 못한 이유를 설명합니다.
2. **잘못에 대한 인정:** 본인의 잘못을 인정하는 부분으로, 지각으로 인해 발생한 불편이나 문제를 명확히 인식하고 있음을 표현합니다. 이는 책임감을 나타내는 중요한 요소입니다.
3. **사고 후 조치 사항:** 지각으로 인해 발생한 문제를 해결하기 위해 즉각적으로 취한 조치에 대한 설명입니다. 예를 들어, 지각 후 신속히 업무를 시작하거나 대체 인력을 요청한 경우 등이 포함될 수 있습니다.
4. **재발 방지 대책:** 앞으로 같은 실수를 반복하지 않기 위해 취할 구체적인 방지 대책을 설명합니다. 알람 시스템을 강화하는 등의 방법이 있을 수 있습니다.
5. **반성 및 다짐:** 자기 행동에 대한 깊은 반성과 함께 앞으로 더욱 성실히 임하겠다는 다짐을 표현합니다. 이는 조직에 대한 책임감과 신뢰 회복의 의지를 보여줍니다.

예를 들어, 노트북에 커피를 흘려 고장이 났다고 하면 이렇게 시말서에 들어갈 내용을 작성할 수 있습니다.

시말서에 필요한 내용

1. **구체적인 사건의 경위:** 급하게 일어나다 커피잔을 건드려 커피를 노트북에 쏟음
2. **잘못에 대한 인정:** 노트북을 소중히 다루지 않음. 업무 공간에서 적절한 주의를 기울이지 않음
3. **사고 후 나의 조치 사항:** 즉시 노트북 전원을 차단하고, 보고 후 IT 부서에 점검 요청
4. **앞으로 재발하지 않기 위한 방안:** 업무용 전자기기 주변에 음료를 두지 않겠음, 공간을 정리 정돈 하겠음, 이동 시 주변을 살피겠음, 노트북 보호용 커버나 방수 키보드 커버 사용을 고려하겠음.
5. **반성 및 다짐:** 회사의 자산에 손상을 끼쳐 죄송, 실수가 재발하지 않도록 각별히 주의하겠음.

충분히 반성하는 마음을 담아 내용을 정리했다면, 이제 글을 작성해 봅시다. 글 작성을 돕기 위해 AI에 다음 프롬프트를 넣어보았습니다.

회사 노트북에 커피를 쏟아 고장난 상황에 대한 시말서(사과문)를 작성해 줘.

> 이 부분에 해당 상황을 넣어요!

고려사항:

1. 상황 설명:

2. 잘못 인정:

3. 사고 후 조치 사항:

4. 재발 방지 대책:

5. 반성 및 다짐:

주의사항:

- 진정성 있고 간결하게 작성
- 변명 없이 책임감 있는 태도로
- 실천 가능한 개선 계획 포함

그러자 이렇게 답변이 나왔습니다.

노트북 커피 사고에 대한 시말서

2024년 7월 20일 오전 9시 30분경, 중요한 프로젝트 마감을 앞두고 업무 중 실수로 커피를 회사 노트북에 쏟는 사고가 발생했습니다. 급하게 일어서다 커피잔을 건드려 노트북 위로 내용물이 쏟아졌습니다.

회사의 중요한 자산인 노트북을 소중히 다루지 못한 점, 그리고 업무 공간에서 적절한 주의를 기울이지 못한 점에 대해 전적으로 제 잘못임을 인정합니다.

사고 후 즉시 노트북의 전원을 차단하고 흘린 커피를 닦았습니다. 바로 조직장에게 사고 경위를 보고 드리고 IT 부서에 긴급 점검을 요청하였습니다. 점검 결과, 노트북 키보드 일부 기능이 손상되어 수리 또는 교체가 필요한 상황임을 확인했습니다.

앞으로 이와 같은 사고의 재발을 막기 위해 업무용 전자기기 주변에 절대 음료를 두지 않겠습니다. 또한 평소 업무 공간을 정리 정돈 하여 사고 위험을 줄이도록 하겠습니다. 아울러 이동 시 주변을 항상 주의 깊게 살피는 습관을 기르겠습니다. 추가로 필요시 노트북 보호용 커버나 방수 키보드 커버 사용을 고려하겠습니다.

회사의 자산에 손상을 끼친 점 진심으로 사과드립니다. 이번 사고를 깊이 반성하며, 앞으로 이러한 실수가 절대 재발하지 않도록 각별히 주의하겠습니다. 회사 자산을 더욱 소중히 다루고, 안전한 업무 환경 유지에 최선을 다하겠습니다.

그래, 이게 내 진심 이었어!

다만 이렇게 AI를 활용할 때는 AI가 너무 저자세로 작성하거나 사건을 과장하거나 꾸며낼 때도 있으니 실제 내가 겪는 일과 맞는지, 거짓으로 꾸미거나 사건의 경중과 다르게 작성된 내용이 없는지 확인해야 합니다.

예를 들면 '저의 지각으로 인한 모든 책임에 통감하고 있습니다', '모든 책임 및 수리비를 책임지도록 하겠습니다'처럼 지각이나 노트북 고장과 같은 일에 지나치게 과장하여 사과하거나 기계적으로 같은 말을 반복하는 경우입니다. 이런 시말서는 진정성이 전혀 느껴지지 않습니다. 그러니 글을 마무리할 때는 다시 한번 내용을 읽고 본인 스스로 정리해 주세요.

시말서를 쓰는 일은 누구에게나 부담스럽겠지만, 이를 통해 자신의 실수를 돌아보고 개선할 기회를 얻을 수 있습니다. 진심은 통하기 마련입니다. 성숙한 어른으로서 실수를 마주한다면, 큰 탈 없이 사건을 마무리할 것입니다.

다음부턴 실수하지 말자!

💡 전문가 없이 번역할 수 있을까?

예전에 하루에도 몇 번이고 회사와 관련된 주요 기사나 아티클을 공유해주던 팀장님이 있었습니다. 업계 트렌드나 해외 주요 사례들은 업무에 도움이 되니까 틈틈이 보려고 했는데, 팀장님이 공유해주신 링크를 열어보면 대부분 영어로 된 내용이었습니다.

영어로 가득한 모니터 화면을 보고는 '아, 그렇다면 다음에 읽어봐야지!' 하고 즐겨찾기에 저장만 해둔 링크가 수백 개는 될 거예요. 그래도 이렇게 혼자 봐야 하는 내용은 더듬더듬 읽거나 구글 번역기를 이용해서 맥락을 이해하는 데 문제는 없습니다. 구글 번역기는 웹 페이지 자체를 통째로 번역해 주는 기능도 있어서 어색하긴 해도 영어와 한글을 번갈아 보면 어떤 내용인지 파악할 수 있지요.

그런데 문제는 공식 문서를 번역하는 일입니다. 가끔 영문으로 된 문서를 번역해야 할 일이 생기는데, 그럴 때마다 '진작 영어 공부 좀 열심히 할걸…' 하는 후회가 밀려옵니다. 영어를 자주 사용하는 회사는 통번역팀이 따로 있기도 한데, 보통은 중요한 일들이 많아서 제 업무까지 돌아오려면 시간이 오래 걸렸습니다. 그렇다고 외부의 통·번역사를 이용하자니 비용이 많이 들어 부담이 됩니다. 번역을 요청하면 단어 하나당 200원이 넘는다는 걸 그때 알았습니다. 예를 들어, A4 한 장에는 6만 원, 30장을 번역해야 하면 300만 원입니다. 업무상 매우 중요한 일이라면 모르겠지만, 작은 일까지 이런 비용을 부담할 수는 없는 일입니다. 이럴 땐 각자도생으로 살아남아야 했습니다.

영어 세상에서 살아남기!!!

예전에는 번역기 성능이 그렇게 좋지 않아서 번역기를 돌려도 도대체 이게 무슨 말인지, 도무지 이해가 되지 않았습니다. 그런데 최근 인공지능 번역기들의 성능이 무척 좋아졌습니다. 전문 통·번역사가 옆에 있지 않아도 간단한 문서부터 공식적인 문서까지 충분히 번역이 가능한 수준까지 올라왔다고 생각합니다. 번역할 내용에 대한 맥락만 잘 제공해 주면, 단순 번역에 비해 인공지능이 훨씬 더 잘 해냈습니다.

물론 아직 완벽하진 않아서 통·번역사의 역할을 100% 대체하긴 어렵지만, 그래도 꽤 쓸만한 수준까지 왔다고 봅니다. 번역 작업에 시간과 비용을 크게 줄일 수 있게 된 건 정말 반가운 일이지요.

다양한 번역기의 특징

번역 툴	특징
구글 번역기	가장 많이 사용하는 번역기로, 크롬 브라우저에서 확장 프로그램을 이용하면 웹페이지를 통째로 번역할 수 있다. 다만, 일부 전문 용어나 구어체 표현은 어색하게 번역되기도 한다.
파파고 번역기	한국어에 특화되어 한국어를 자연스러운 영어로 바꿔준다. 일상 회화체에 가까운 번역을 원한다면 제격이다. '저녁 메뉴 추천'의 줄임말인 '저메추'도 찰떡같이 'Dinner Recommendation'으로 번역해 준다.
딥엘 (DeepL)	독일 회사에서 개발한 번역 서비스이다. 논문이나 문서 번역이 필요할 때 활용하기 좋다. PDF 문서 자체를 업로드해서 번역할 수도 있다. 단, 무료 버전에서는 번역할 수 있는 파일 개수와 단어 수가 제한되어서 유료로 사용할 때 더욱 강력한 툴이다.
챗GPT	맥락을 주면 번역을 더욱 잘한다. 예를 들어 "이 문서는 개인정보 처리 방침에 대한 문서야. 한국 사용자들이 이해할 수 있도록 내용을 번역해 줘", "조금 더 친절한 말투로 번역해 줘"처럼 원하는 스타일을 지정하며 결과물을 만들 수 있다. "너는 법률 번역 전문가야" 하고 역할을 부여해서 번역을 요청할 수도 있다.
퍼플렉시티	챗GPT와 비슷하게 활용할 수 있다. 무료 버전에서도 특정 웹페이지 접근이 가능하므로 번역하려는 페이지 링크를 통째로 주고 번역을 요청할 수 있다. 또 "어린이가 이해할 수 있는 용어를 사용해서 번역해 줘"와 같이 프롬프트를 입력하면 더 쉬운 용어로 변경해 준다.

클로드	긴 글의 번역이 가능하다. 챗GPT나 구글 번역기는 너무 긴 글을 올리면 요약하거나 내용을 임의로 자르는 경우가 있는데, 클로드는 긴 글도 번역이 가능하다. 또, "지금 내가 작성한 내용을 정확한 영어식 표현으로 고쳐줘.", "원어민에게 더 자연스러운 문장을 추천해 줘"와 같이 프롬프트를 입력하면, 여러 가지 대안 문구를 제안해 준다.

이처럼 AI 번역 기능이 많이 발전해서 번역에 드는 시간과 비용을 크게 줄일 수 있습니다. 하지만 아무리 뛰어난 인공지능 번역기라도 사람이 번역한 것처럼 완벽할 수는 없습니다. 복잡한 문장 구조나 전문 번역, 문화적 뉘앙스가 포함되어 있다면 정확하게 번역하지 못하기 때문에 아직은 아쉬움이 있어요. 그래서 마무리는 인간의 손을 거쳐야 합니다. 또한, 기밀 유지가 필요한 문서인지, 개인정보가 들어있는 문서인지는 번역 도구를 사용하기 전에 꼭 확인해야 하지요.

완벽하지는 않지만, 일반 번역에서는 우리의 시간을 많이 줄여줄 거라 믿습니다. 시간에 쫓기고 있다면 AI 번역을 꼭 활용해 보세요.

실수를 줄이려면 검토만이 살 길!

저는 성격이 급해서인지 오타를 자주 내는 편입니다. 친구들과 카톡에서 오타는 괜찮은데, 회사에서는 작은 오타라도 오해를 불러일으키거나 큰 사건으로 이어질 수 있어 주의가 필요합니다.

자주 하는 오타는 '과장님'을 '과자님'이라고 하거나, '주임님'이라고 해야 하는데 '주인님'이라고 하는 경우, 'ㄴ'만 써서 보내거나, '2024년'을 '20234년'이나 '20024년'처럼 잘못 쓰는 경우도 많았습니다. '감사합니다'라고 해야 하는데 '검사합니다'라고 하는 경우, 또 '마쳤습니다'라고 해야 하는데 '미쳤습니다'라고 실수할 때도 있어요.

오타뿐만 아니라 유행어를 사용했을 때 알고 보니 유행어에 차별적이거나 사회적 문제가 담겨 있다면 난감한 일이 생깁니다. 이런 일을 방지하기 위해서 작성한 글이 외부에 배포되기 전에 스스로 여러 번 검토하는 것이 중요합니다. 하지만 계속 같은 글을 보면 문제점이 잘 보이지 않습니다. 이럴 때는 주위 동료들에게 확인받거나, AI를 활용해 검토하는 것도 좋은 방법입니다.

챗GPT에 '**한국어 맞춤법을 확인하고, 차별적이거나 사회적 이슈가 담겨 있지 않은지 검토해 줘**', '**혐오 표현이 포함되었는지 확인해 줘**'라고 요청해서 위험 요소가 있는지 꼭 확인해 보세요!

5장

팀장님이
'엄지척' 하는 기획서,
보고서 작성법

무턱대고 쓰면 안 되는 기획서

갑작스레 기획서를 써야 해요! 그런데 기획이라는 게 너무 모호해요. 뭐부터 해야 할까요?

거창하게 생각할수록 더 어려워지는 게 기획이랍니다. 머릿속에 어지럽게 떠오르는 생각들을 정리하고 초안부터 써볼까요?

생각의 범위를 좁혀 보기

기획서, 제안서는 회사에서 자주 쓰는 문서 중 하나입니다. 팀장님이나 직장 선배들은 쉽게 쓰는 것 같은데, 막상 직접 써 보려면 막막해집니다. 어디서부터 접근해야 할지, 기획서 양식은 어떻게 잡아야 할지, 기획서를 작성하는 이유와 목표는 무엇이고, 리서치는 뭐부터 찾아볼지, 이렇게 해야 하나, 저렇게 해야 하나 온갖 생각들이 마구 떠오르며 머릿속이 복잡해집니다. 그렇게 한 글자도 입력하지 못한 채 시간이 흘러가는 상황을 마주합니다.

기획서를 작성할 때 가장 주의해야 할 것은, 아무 맥락 없이 무작정 쓰기 시작하면 안 된다는 점입니다. 기획안을 쓰기 전에 주제부터 좁혀야 해요. 최근 매출이 떨어져서 매출을 증대시키는 방향을 찾기 위함인지, 시장 환경이 바뀌어서 트렌드를 알아보기 위함인지, 팀장님 위의 임원진이나 경영진 측에서 특별한 요구사항이 있었거나 예산이 줄어서 비용을 줄일 방법을 찾는 것인지, 그것도 아니면 정기적인 아이디어 도출 기획인지 등 자세한 배경을 알면 적어도 어떤 방향으로 접근해야 할지 알 수 있습니다.

팀장님이 "기획서 하나 써 오세요!"라고 했지만, 주제나 방향, 결론에 대한 구체적인 지시는 하지 않을 때가 많습니다. 우선은 팀장님에게 기획서를 써오라고 한 구체적인 배경에 관해 물어봅시다. 꼭 배경이 아니더라도 기획서의 결과물이 어디에 필요한지, 기획서에 꼭 포함되어야 하는 내용이 있는지, 혹시 정해둔 구체적인 목표가 있는지, 원하는 형식이나 기한은 언제까지인지 등을 종합적으로 물어봐도 좋습니다.

팀장님께 해야 할 질문 모음

"팀장님, 기획서 작성에 앞서 확인하고 싶은 부분이 있습니다. 시간 괜찮으시다면 잠시 여쭤볼 수 있을까요?"

"기획서는 언제까지 초안 작성해서 보고하면 될까요?"

"기획서 작성 시 원하시는 형식이 있으실까요?"

"기획서 결과물은 어떻게 활용할 계획인지 알 수 있을까요?"

"꼭 포함되어야 할 요소들이 있을까요?"

"참고해야 할 데이터나 문서가 있을까요?"

"실행 방안은 어느 정도로 구체화해서 기재하면 될까요?"

팀장님과 얘기하다 보면 "기획서 하나 써 오세요!"라는 말 한마디 안에 훨씬 더 많은 배경이 숨어있음을 알게 될 거예요. 예를 들면, 상반기 매출 보고를 위해 데이터를 보다가 특정 상품의 매출이 떨어졌는데 경쟁사는 증가한 경우, 매출 보고서에 대응 방안을 넣기 위한 용도로 기획을 지시한 것일 수도 있습니다. 이렇게 자세한 내막을 알면 매출 보고 전까지 경쟁사의 전략을 조사하고 우리 회사의 매출 감소 원인을 추정한 후, 가설을 세워 개선 방안과 실행 계획까지 넣으면 되겠다는 사실을 깨닫고 조금 더 범위를 좁혀서 생각할 수 있습니다. 그러니 무작정 쓰기 시작하지 말고 기획서를 요청한

이런 질문들도 AI를 활용했어요. "기획서 작성 전에 팀장님께 물어봐야 할 질문을 알려줘" 하고 요청했답니다.

사람과 충분히 이야기를 나눠보고 시작하세요. 잘못
된 방향으로 기획서를 작성하면 공들여 쓴 기획서가
무용지물이 될 가능성이 큽니다. 팀장님께 질문하는
게 조금 두려울 수도 있지만, 나중에 가서 "이게 뭐야?! 내가
원했던 기획서는 이런 내용이 아니야!" 하는 얘기를 듣는 것보
다는 처음에 질문을 통해 생각의 격차를 좁혀두는 편이 훨씬
좋습니다. 원인 파악이나 가설을 세우고 개선하는 부분은 수정하기 쉽지만,
대전제인 문서의 목적과 방향이 틀어지면 전체를 다 고쳐야 하니까요.

팀장님, 헤헤~
질문 몇 가지만 해도
될까요?

  안 그래도 여러 번 수정하게 되는 기획서, 처음부터 다시 시작하는 일이
없도록 범위 좁히기부터 시작해 봅시다.

왜? 왜? 왜? 부지런히 질문하기

  팀장님이 뭘 원하는지 문서의 배경을 알았다면, 기획서의 서론이 얼추 채
워집니다. 일반적으로 기획서의 서론에는 문서의 목적과 취지를 밝히기 마
련입니다. 예를 들어, "이 문서는 당사의 XX 상품의 매출 감소 원인을 파악
하고 경쟁사와 비교를 통해 매출 회복 전략을 수립하기 위해 작성되었습니
다"처럼 서론을 채울 것입니다.

  이제부터는 그다음이 문제입니다. 머릿속에 수많은 생각이 떠오릅니다.
'경쟁사는 왜 매출이 증가했을까, 우리는 매출이 어느 순간부터 감소한 거
지? 환경적인 요인은 없나? 경쟁사에서 어떤 프로모션을 한 걸까? 소비자
들의 선호도에 변화가 생겼나?' 쏟아지는 생각에 머리가 지끈거립니다.

  하지만 이런 고민은 모두 기획서의 좋은 양분이 됩니다. 아직 다듬어지지
않았지만, 이를 통해서 문서의 흐름을 만들어낼 수 있거든요. 기획서는 '왜'
에서부터 시작해서 '어떻게'로 끝납니다. '왜 이 문서를 써야 하는지', '왜 매

출이 감소했는지'부터 시작하는 것입니다. '왜 이 문서를 써야 하는지'에 대한 답이 문서의 목적이 되고, '왜 매출이 감소했는지'에 대한 질문은 원인 분석으로 이어집니다. 그리고 문제의 원인을 찾거나, 데이터에서 특정한 패턴을 찾아내면 이를 바탕으로 개선 방안과 실행 계획을 세우면 됩니다. 이 부분이 '어떻게'에 해당합니다.

3~4세 아이들은 대부분 무슨 말만 하면 "왜?"라고 질문합니다. 호기심이 많은 시기라 세상 모든 것에 질문하는 때입니다. 기획서를 쓸 때는 이런 어린이의 호기심으로 무장해야 합니다. 어린아이에 빗대어 얘기했지만, 조금 더 어려운 말로는 '근본 원인 분석 Root Cause Analysis'이라고도 합니다. 문제의 근본 원인을 찾기 위한 방법론으로 가장 유명한 방법으로는 아마존의 '5why 기법'이 있습니다. 문제의 원인을 찾기 위해 '왜'라는 질문을 다섯 번 반복하는 것입니다.

5why로 질문하기

상황: 고객 주문 취소율이 증가했다.
1. **왜?** - 배송이 지연되고 있어서
2. **왜?** - 물류 센터에서 주문 처리가 늦어져서
3. **왜?** - 재고 관리 시스템이 비효율적이어서
4. **왜?** - 현재 시스템이 실시간 재고 업데이트를 지원하지 않아서
5. **왜?** - 레거시(구버전) 시스템을 계속 사용하고 있어서

이렇게 '왜'라는 질문을 하다 보면 구버전 시스템을 개선하거나 혹은 실시간 재고 관리가 가능한 새로운 시스템을 도입해야겠다는 해결책으로 이어질 수 있습니다. 문제에 답이 있다고들 합니다. 문제에 집중해서 원인을 계속 파고들면 해결책도 보이기 마련입니다.

혼자 '왜'라는 질문을 계속하기 어려울 수도 있어요. 이야기를 나눌 동료 기획자가 있으면 좋겠지만, 옆자리 동료도 자기 일에 정신없이 바쁘다면, AI 동료의 도움을 받아봅시다. 클로드에 이렇게 요청해 봤습니다.

> 경쟁사는 매출이 증가했는데 우리 회사는 매출이 감소했어. 왜일까?

그러면 대부분 이런 답을 줍니다. '경쟁사가 제품을 개선했거나 신제품을 출시했다, 경쟁사의 마케팅 캠페인이 효과적이었다, 경쟁사가 가격 할인 전략을 내세웠다, 경쟁사의 고객 서비스 품질이 좋아졌다, 트렌드가 변화했다, 경쟁사가 유통채널을 넓혔다' 등의 뻔한 이야기입니다.

그런데 놀랍게도 현업에서는 이런 뻔한 이야기들이 반복됩니다. 뻔해 보이지만 원인 분석의 정석이기도 하지요. 이를 크게는 내부요인, 외부요인으로 나눠서 조사한 후 리서치 결과를 넣어주면 됩니다.

더 나아가서 아마존의 '5why'처럼 질문을 이어가도 됩니다. AI는 이전에 했던 질문과 답변을 기억하고 있어서 이렇게 질문하는 것도 가능합니다.

> 위 질문에서 마케팅 전략이 문제라고 했을 때 왜 매출 차이가 있었을까?

이런 식으로 AI와 질문과 답을 주고받으며 문제 원인의 유형을 확인하고, 어떤 부분부터 접근할지 정리해 봅니다.

기획서를 쓸 때 첫 번째는 팀장님에게 배경에 대해 질문하는 것이었다면, 두 번째는 문제 상황에 대해 스스로 질문하는 것입니다. 계속해서 질문하고 또 질문하면서 원인 파악에 한 발짝 다가설 수 있습니다.

질문하고, 질문하기! 기획서 작성의 첫 번째 스텝입니다.

기획서 목차 구성하기

기획서 작성 흐름에 대해 전체적으로 살펴보겠습니다. 앞서 기획서는 '왜'로 시작해서 '어떻게'로 끝난다고 했습니다. 기획서를 '서론-본론-결론'으로 나눈다면 서론에는 '왜'부터 등장합니다. 왜 이 기획서를 작성해야 하는지, 문서의 목적과 현황을 밝히고 시작하면 좋습니다. 그리고 본론에는 왜 이런 상황이 발생했는지 구체적으로 살펴보고 '어떻게' 해결할 것인지 해결 방안에 대해서 전개해 나갑니다. 일반적으로 구체적인 데이터 분석과 원인 분석, 개선 방안과 실행 계획이 들어갑니다. 마지막 결론에는 실행을 통해 얻을 수 있는 기대 효과, 평가 계획이나 요약이 들어가면 완성입니다.

기획서의 흐름

서론: 문서의 목적, 현황
본론: 데이터 분석, 원인 분석, 개선 방안, 실행 계획
결론: 기대 효과, 평가 계획, 요약 및 강조

단, '서론-본론-결론'으로 나누지 않더라도 여러 가지 방법으로 기획서를 작성할 수 있습니다.

기획서의 목차 구성법

1. **문제-해결 구조:** 문제 정의, 현황 분석, 해결 방안, 실행 계획, 기대 효과
2. **SWOT 분석 구조:** 현황 개요, 강점Strengths, 약점Weaknesses, 기회Opportunities, 위협Threats, 전략 수립, 실행 방안
3. **5W1H 구조:** 왜 필요한가Why, 무엇을 할 것인가What, 누가 할 것인가Who, 언제 할 것인가When, 어디서 할 것인가Where, 어떻게 할 것인가How
4. **타임라인 구조:** 도입 단계, 진행 단계, 완료 단계, 후속 계획

모두 다른 내용인 것 같지만, 문제를 파악하고 어떻게 해결하는지에 대한 굵직한 줄기는 모두 같습니다. 여기에 계속 반복되는 내용이 있습니다. 바로 '무엇을 한다'라는 내용이 포함된다는 것입니다. 기획서는 무엇을 하자고 제안하고 상대를 설득하는 문서입니다. 그것이 기획서를 제안서로 부르기도 하는 이유입니다.

그러니까 지금까지의 설명은 목차를 짜는 방법이었습니다!

그냥 현황만 나열한다면 현황 보고서가 되겠지요. 기획서는 '그래서 뭘 하자는 건데?', '어떻게 하자는 건데?'라는 질문에 답할 수 있어야 합니다. 위에 설명한 기획서 흐름은 일반적인 전개 구조입니다만, 무엇을 할지 상대를 설득할 수 있는 흐름이라면 여러분만의 구조를 짜봐도 좋습니다. 이렇게 어떤 순서로 이야기의 흐름을 이어 나갈지를 한마디로 '목차 만들기'라고 합니다.

목차를 만들 때도 AI의 도움을 받아볼까요? 클로드에 이런 식으로 프롬프트를 입력해 보았습니다.

> 경쟁사는 매출이 증가하고 우리 회사는 감소했어. 이에 대한 기획서를 쓰려고 해. 적합한
> 목차를 만들어줘.

이렇게 간단하게 질문해도 클로드가 알아서 깔끔하게 목차를 짜줍니다. 물론 우리가 써야 하는 주제에 대해 힌트를 많이 주면 관련된 내용으로 작성해 주기도 합니다. 여기서는 기본적인 목차 만들기만 해봤습니다. 문서의 줄기가 되는 목차만 잘 만들어두어도, 그 안의 내용을 채우는 일은 훨씬 수

월합니다.

목차를 구성할 때 다음처럼 개요 스타일을 줄 수도 있습니다. 이렇게 프롬프트를 사용해 보세요.

> 목차는 h1, h2, h3 수준으로 구성해 줘.

이 방법은 머리말에 해당하는 '헤더'를 나타내는 H숫자, # 기호를 사용하여 문서의 계층 구조를 결정하는 방법입니다.

마크다운 제목 구조

H1: 제목에 해당합니다. 주로 문서 제목을 나타내거나 파트의 제목을 의미합니다.
H2: 파트의 주요 섹션에 해당합니다.
H3: 세부 내용이나 하위 섹션을 의미합니다.

즉, H3 수준까지 작성해 달라는 이야기는 '제목-소제목-세부 내용'을 묶어서 하나의 파트에 넣어 달라는 의미입니다.

최대 H6까지 내려갈 수는 있지만 주로 H1~H4 정도에서 목차를 구성하는 것이 좋습니다. 너무 깊은 수준의 목차는 오히려 문서의 가독성을 해칠 수 있어요. 대부분 H3 수준까지만 사용해도 충분히 상세한 목차를 만들어 낼 수 있습니다.

이렇게 작성한 목차를 한눈에 보고 싶다면, 다음과 같은 프롬프트를 사용합니다.

목차가
잘 짜이면
반은 완성!

이렇게 클로드에 요청하면 '아티팩츠 artifacts' 기능을 활용하여 바로 도식화해 줍니다.

챗GPT에 요청하면 '머메이드 mermaid' 코드가 생성됩니다. 이 코드를 복사하여 '엑스칼리드로우 excalidraw.com'에 붙여 넣으면 그림으로 표현할 수 있습니다. 'AI 기능: 머메이드에서 불러오기'를 활용해 코드를 바로 도식으로 변경할 수 있고, 개별 수정도 가능합니다.

엑스칼리드로우에서 만든 도식

기획서는 무작정 글을 쓰기보다 사전에 많이 고민하고 생각을 정리한 후에 시작하면 목표가 명확하고 논리 구조가 탄탄한 문서가 만들어집니다. 이제 팀장님이 뭘 원하는지, 어떻게 접근할지, 어떤 구조로 글을 쓸지 정리가 된 것 같습니다. 지금부터 본격적으로 기획서의 내용을 채워 봅시다.

기획서에 신뢰를 더해 주는 리서치

기획서를 '서론-본론-결론'으로 잘 마무리했는데,
이번에는 숫자가 문제네요. 기획서에 왜 숫자가 필요한 건가요?

모든 보고서에는 데이터와 수치가 없으면 설득력이
떨어져요. 데이터 기반의 의사결정을 위해서
기획서에 숫자를 더해 봅시다.

회사 내부 및 외부에서 숫자 모으기

기획서 내용에 신뢰를 주기 위해서는 꼭 숫자가 들어가야 합니다. 예를 들어, 탈모 방지 샴푸에 관련된 기획안으로, 탈모 방지 샴푸를 검색하는 양에 비교해 실제 구매로 이어지는 건수가 적어 탈모 방지 샴푸에 대한 판매 증진 방안을 기획한다고 가정해 보겠습니다.

그 증진 방안으로 탈모 방지 샴푸에 대한 관심도가 증가하고 있으니, 탈모 샴푸 전용 브랜드 관을 만들면 좋겠다는 아이디어가 떠올랐습니다. 그런데 단순히 "탈모에 대한 관심이 커지니 탈모 전용 상품관을 만들어야 해요!"라고 주장하는 것보다 "탈모 인구가 점점 늘어나 약 1천만 명에 달하고, 국내 탈모 시장의 규모가 4조 원에 달할 만큼 커졌습니다. 내부 검색량에도 탈모 관련된 데이터가 늘어나는 만큼 전용 브랜드 관을 만들어 전문적인 느낌과 신뢰감을 주면 사용자의 고민과 수익에 긍정적인 영향을 줄 수 있을 것으로 예상됩니다"라고 말하는 게 훨씬 신빙성 있게 느껴집니다. 이렇게 전문가다운 대답이 가능해지려면 리서치를 해서 믿을 만한 수치화 자료를 기획서 내용에 추가해야 합니다.

숫자는 내부 환경과 외부 환경으로 나눌 수 있습니다. 내부의 데이터는 회사 안에서 수집하고 있는 데이터로, 사용자 정보, 매출, 페이지뷰나 클릭 등의 데이터가 해당합니다. 회사에서 수집한 정보이기 때문에 외부 데이터에 비해 접근성이 좋습니다. 데이터 팀이 따로 있다면 요청하거나 직접 권한을 받아서 데이터를 확인하면 됩니다. 내부에서 추출한 믿을 수 있는 데이터이기 때문에 잘 가공해서 원하는 데이터로 만들면 되지요.

그런데 외부 환경의 데이터는 좀 더 조심스럽게 접근해야 합니다. 외부 데이터나 환경에 대해서 리서치를 할 때 기준이 되는 것은 '신뢰할 수 있는 정보'인지 여부입니다. 리서치를 하면 팀장님께서 꼭 "이 자료의 출처가 어디예요?" 하고 물어봐요. 그러니 리서치 결과에 수치화한 데이터가 포함되어 있다면, 꼭 출처를 같이 표기해 주는 것이 좋습니다.

출처 표기는 기본 중 기본!

일반적으로 우리가 시장 점유율이나 현황 조사를 할 때 네이버나 구글 등 검색엔진을 가장 많이 활용합니다. 그런데 특정 검색엔진이나 웹사이트 정보에만 의존해서 검색하면 시간도 오래 걸리고, 잠깐 정신을 놓으면 나도 모르게 다른 정보를 검색하고 있는 경우가 많습니다.

헛!! 정신 차리고 보니 다른 뉴스 기사를 보고 있잖아!!!

게다가 블로그에 올라온 글 등 출처가 명확하지 않은 내용을 참고할 수는 없습니다. 또 여기서 챗GPT를 사용하는 것도 무리가 있습니다. AI는 할루시네이션 hallucination이라는 환각 현상, 즉 거짓 정보를 사실인 것처럼 전하는 현상이 아직 발생하기 때문에 인공지능을 리서치 용도로 사용하기에는 적합하지 않습니다.

인공지능도 착각을 할까?

AI는 인간의 언어를 처리하고 답변을 생성하는데, 이러한 인공지능을 LLM Large Language Model이라고 합니다. LLM은 다음에 올 낱말, 문장, 의미를 추론하는 방식으로 작동하기 때문에 실제 데이터나 사실이 아니거나 존재하지 않는 일을 마치 진짜인 것처럼 자신 있게 대답할 때가 있어요. 이를 개선하기 위해 참조 문서를 추가하는 기법이나, 인터넷 검색 결과를 활용하고 출처를 명시하는 기법이 계속해서 연구되고 있습니다. 일반적으로 LLM을 검색 엔진처럼 사용하는 것은 사실 여부가 중요한 업무에는 적합하지 않습니다.

최근에는 많이 개선되었지만, 이전에는 '세종대왕이 사용했던 아이패드 기종이 뭐지?' 하고 물어보면, '세종대왕이 사용했던 아이패드는 M2 칩이 탑재된 아이패드 프로입니다' 하고 대답했던 짤이 있었습니다. 이런 것이 대표적인 할루시네이션Hallucination 답변입니다.

요즘에는 시대적으로 맞지 않는 상황에는 '역사적으로 맥락이 달라 해당 시기에는 현대적인 전자기기가 존재하지 않습니다'라고 정확한 답변을 주도록 개선이 되었지만, 그래도 없는 책이나 사실을 지어내는 경우가 전혀 없다고 확신할 수는 없어요.

이런 할루시네이션 효과는 창의력을 발휘하거나 새로운 것을 만들어 내는 데는 적합하지만, 신뢰성 있는 자료를 만들 때는 참고하기 어렵습니다. 거짓말로 시장 점유율이나 환경 변화를 답변한 내용을 참고했다가는 회사의 전략이 엉뚱한 방향으로 흘러갈 수 있답니다.

세종대왕이
아이패드를 사용했을 리
없잖아??!!

그런데 현실에 있는 자료를 바탕으로 답변해 주는 AI 모델을 만들어 제공하는 서비스가 바로 퍼플렉시티입니다. 퍼플렉시티는 답변에 활용된 출처를 함께 표기해 주기 때문에 리서치 용으로 사용하기 좋은 AI입니다. 퍼플렉시티에 이렇게 프롬프트를 넣어 보세요.

탈모 샴푸와 관련된 최근 3년간의 연구 결과를 찾고 실무적 시사점 3가지를 제안해 줘.

탈모 샴푸와 관련된 최근 3년간의 연구 결과를 바탕으로 실무적 시사점을 제안해 드리겠습니다.

최근 연구 동향
1. **탈모 케어 시장의 급성장:** 전 세계 탈모 케어 시장은 2021년 약 1만 4458백만 달러에서 2025년까지 연평균 9.91% 성장해 2만 1098백만 달러 규모로 성장할 것으로 전망됩니다.
2. **젊은 층과 여성 탈모 인구 증가:** 20~30대가 전체 탈모 진료 인원의 41.2%를 차지하며, 여성 환자도 44.2%를 차지하고 있습니다.
3. **탈모 케어 샴푸의 중요성 증대:** 샴푸 시장에서 탈모 케어 샴푸의 비중이 2015년 31.2%에서 2020년에는 더욱 증가했습니다.

실무적 시사점
1. **맞춤형 탈모 케어 제품 개발**
   젊은 층과 여성 탈모 인구가 증가하고 있으므로, 이들을 타겟으로 한 맞춤형 탈모 케어 샴푸를 개발해야 합니다. 예를 들어, 20~30대의 생활 패턴과 두피 특성을 고려한 제품이나 여성 호르몬 변화에 대응하는 샴푸 라인을 출시할 수 있습니다.
2. **예방 중심의 마케팅 전략 수립**
   탈모 예방에 대한 관심이 높아지고 있으므로, 예방 효과를 강조한 마케팅 전략을 수립해야 합니다. 두피 건강 관리의 중요성을 알리는 교육 캠페인을 진행하거나, 일상적인 두피 케어 루틴을 제안하는 콘텐츠를 제작하여 소비자들의 인식을 제고할 수 있습니다.

3. 디지털 플랫폼을 활용한 고객 경험 강화

온라인 쇼핑 트렌드에 맞춰 디지털 플랫폼을 적극 활용해야 합니다. 개인별 두피 상태를 진단하는 AI 기반 서비스를 제공하거나, 모바일 앱을 통해 탈모 케어 정보와 제품 사용 가이드를 제공하는 등 고객 경험을 강화할 방안을 모색해야 합니다.

이러한 시사점들을 실천함으로써 탈모 케어 샴푸 시장에서의 경쟁력을 강화하고, 변화하는 소비자 니즈에 효과적으로 대응할 수 있을 것입니다.

간단하게는 '**향수 시장 규모를 알려줘**'라고 하면 현재 글로벌, 국내 시장 현황을 일목요연하게 알려주고, 수치가 포함된 경우 어떤 자료를 참고했는지 기사 링크로 바로 확인할 수 있습니다.

하지만 데이터베이스의 한계로 간혹 오래된 정보가 섞일 수 있으니 주의하세요!

비슷한 형태로 '**향수 중에 참고할 만한 자료 찾아줘**.', '**향수 벤치마킹 자료 정리해 줘**', '**인기 있는 향수 브랜드 찾아줘**' 하는 식으로 접근해서 자료를 찾는 것도 가능합니다.

퍼플렉시티 내에 출처가 표시되고 관련 출처에서 도표나 이미지도 확인할 수 있으니, 크로스체크를 하거나 이미지를 기획서에 첨부하는 식으로 활용할 수 있어요.

요약과 정리는 AI로 손쉽게 처리

퍼플렉시티로 조사한 내용을 조금 더 쉽게 정리하는 방법을 알아봅시다. 검색한 내용을 기획서에 바로 옮기지 않고 우선 워드나 한글 파일에 관련 텍스트와 이미지들을 차곡차곡 모아줍니다. 이렇게 모은 정보들을 하나의 파일로 모아서 챗GPT에 업로드하고 "**첨부한 문서를 바탕으로 기획 리서치 보고서를 작성해야 해. 일목요연하게 하나의 문서로 정리해 줘**"라고 프롬프트를 입력하면, 챗GPT가 보고서 형식으로 정리해 줍니다.

또, 보고서 내에 그래프나 이미지가 필요하면, 엑셀에 그래프를 따로 그리지 않아도 유료 버전인 GPT-4o를 활용해 시각화 자료를 추가할 수 있습니다. 이렇게 프롬프트를 입력해 보세요.

> 첨부한 문서에서 시장 규모를
> 년도별로 막대 그래프로 그려줘.

막대그래프, 원형 그래프, 선 그래프와 같은 여러 가지 그래프 형태를 지시하거나, **'시각화해 줘'**와 같이 프롬프트를 변경해 활용할 수 있습니다. 유료 버전에서만 가능하지만, 이렇게 요청하면 표도 그려주니 빠르게 리서치 보고서 작성을 끝낼 수 있습니다.

코난쌤의 깨알팁!

한글 파일이 깨진다면?

표에 한글 파일이 포함되면 깨지는 경우가 있어요! 이때는 웹용 한글 폰트를 첨부해서 "첨부한 한글 폰트를 사용해서 한글로 출력해 줘"라고 요청하면 깨지지 않습니다!

참고로, 웹용 한글 폰트는 '나눔고딕'을 추천합니다.

꼭 표나 그래프가 들어가지 않아도 되는 문서라면 수치를 기재한 후 주요 시사점이나 요약을 넣어도 됩니다. 이때도 챗GPT에 데이터 인사이트를 뽑아달라고 요청할 수 있습니다. 첨부한 문서 내에서 데이터를 분석하고 활용하는 것이라서 할루시네이션이 발생할 가능성은 매우 작습니다.

내부의 데이터들은 대외비인 경우가 많아서 AI를 활용하기 어려운 부분도 있지만, 외부 데이터는 공개된 데이터이므로 조금 더 편한 마음으로 다양하게 AI의 도움을 받을 수 있습니다. 만약 데이터 분석이 어렵다면, 분석과 데이터 시각화를 도와주는 플랏봇 GPTs(맞춤형 GPT)chatgpt.com/g/g-QQxEn0acO-peulrasbos를 활용하는 것도 추천합니다.

리서치, 너무 많은 시간을 들이지 말고 핵심만 콕콕 찾아내서 기획서에 신뢰감을 추가해 봅시다.

출처 : Pega Devlog, 이제현

기획서에서 액션 아이템을 찾아라!

리서치까지 적용해 나름대로 화려하게 만든 기획서에 뭐가 더 부족한 건가요? 이 기획서의 굴레에서 벗어나고 싶어요!

기획서에서 사실 가장 중요한 부분은 이래저래 해서 결국 무엇을 할지 개선 방안과 실행 계획이 포인트랍니다! 이렇게 결정된 과제, 해야 할 일을 '액션 아이템(Action Item)'이라고 해요.

문제 속에 답이 있다

기획서는 '무엇을 하자'고 하는 내용이 담겨야 합니다. 쉽게 풀자면 '이러이러한 배경이 있는데요, 살펴보니 원인이 이랬습니다. 이렇게 실행해 봅시다' 하고 주장하는 문서가 기획서입니다. 그런데 도대체 뭘 하자고 해야 할까요? 바로 떠오르지는 않습니다. 이럴 때는 다시 문제의 원인으로 돌아가서 원인을 통해 해결 방법을 도출해 보면 좋습니다.

온라인 쇼핑몰에서 가장 많은 문의가 발생하는 게 바로 '제가 주문한 상품은 언제와요?' 하는 배송 문의입니다. 예전 회사에서 이런 배송 문의를 줄이기 위한 프로젝트를 진행한 적이 있었어요. 배송 문의를 줄이기 위해서 저희는 어느 단계에서 배송 문의가 발생하는지 더 깊게 살펴봤습니다. 확인 결과, 주문하자마자 배송 문의를 하시는 분들이 많았습니다. 그래서 주문하자마자 주문 완료 페이지에 "2일 내로 배송이 완료됩니다"라는 메시지를 띄워 봤더니, 유의미한 결과가 나왔습니다. 이 문구 하나만으로도 배송 문의가 줄어든 것입니다.

잘~ 보면 답이 보인다!

문제를 가만히 들여다보면 그 안에서 해결 방법이 나옵니다.

'왜 고객들이 배송 문의를 할까?', '언제 배송 문의를 할까?', '상품 페이지에 배송 관련 안내를 해볼까?' 하는 고민을 통해 문제에 대한 질문을 하고, 가설을 세우고, 실행하는 것이 바로 기획입니다.

자신이 당면한 여러 문제도 이런 방식으로 원인을 깊게 들여다보면, 해결 방법이 보일 거예요. 결국 원인 속에 해결 방안이 들어있습니다.

'티키타카'로 도출하는 해결 방안

문제 원인에서 답을 찾는 방법으로는 동료들이랑 아이디어를 주고받을 수도 있고, 팀장님과 분석한 원인에 관해 이야기를 나눌 수도 있습니다. 그런데 옆자리 동료는 너무 바쁘고, 팀장님도 자리에 안 계실 때가 많지요. 물론 이 시점에 기획서 작성을 지시한 팀장님과 의견을 나누는 게 가장 좋지만, 왠지 어렵게만 느껴지는 팀장님과의 대화, 섣불리 질문하거나 시간을 내 달라고 말하기가 쉽지 않습니다.

그런 상황이라면 우리의 업무 비서 AI를 활용해 봅시다. 챗GPT에 문제와 원인을 주고, 해결 방법을 도출해 보라고 요청했습니다. 프롬프트는 다음과 같습니다.

> OO을 개선하기 위해 어떤 해결 방안들이 있을까? 비슷한 문제를 해결한 사례를 확인하고 해결 방안별로 장단점을 정리해 줘.

챗GPT에 조금 더 자세한 원인을 함께 입력하면, 구체적인 해결 방안도 척척 알려줍니다. 원하는 답이 나올 때까지 주고받는 '핑퐁 게임'을 계속하면서 질문의 품질을 올리면 더욱 좋습니다. 만약 계속 엉뚱한 답을 한다면, 과감하게 지금의 대화창을 닫고 새로운 대화창에서 질문해 보세요. 챗GPT

는 이전에 한 답변을 기억하고 관련된 맥락으로 이야기를 해주기 때문에 완전히 새로운 답변이 필요할 때는 새로운 창에서 새로운 대화로 시작하는 게 좋습니다.

해결 방안에 대한 구체적인 실행 계획도 이렇게 프롬프트를 입력해서 답변을 참고할 수 있습니다.

해결 방안을 단계별 실행 방안으로 계획해 줘.
각 단계의 주요 일정도 계획 일정과 마일스톤으로 표시해 줘.

물론 답변하는 내용은 보편적이고 일반적인 상황에서의 포괄적인 내용일 거예요. 이 답변을 그대로 사용하기보다는 회사 상황에 맞춰 아이디어나 작성 방식을 참고하는 용도로 사용하면 좋습니다.

'마일스톤(milestone)' 이란 특정할 만한 내용이나 표를 말해요!

바쁘다 바빠, 현대 사회 직장인

기획서를 열심히 작성해 팀장님께 보고했습니다. 그런데 팀장님이 기획서를 펼쳐보지도 않고 대뜸 이렇게 말씀하셨어요. "아니, 제가 이걸 언제 다 읽어요? 그래서 결론이 뭡니까?" 하고요. 기획서를 써 오라고 한 사람이 기획서 읽을 시간도 없다니 업무 태만이 아닌가 하고 잠깐 화가 났습니다. 그런데 팀장님의 하루를 보면 다른 팀과 종일 미팅에 저녁이 되어서야 간신히 자기 일을 하는 게 어쩐지 안쓰럽기도 했어요. 팀장님이 이 많은 문서를 다 읽을 시간이 없을 수도 있겠더라고요.

그간 조사하고 정리했던 내용이 아깝기는 하지만, 우리가 집중해야 할 건 바로 '기획서의 통과'입니다. 그러면 시간이 없는 팀장님이 빠르게 내용을 확인할 수 있도록 한 장의 요약 자료를 만들어줍시다.

우리는 기획서를 쓴 장본인이기 때문에 공들여 쓴 기획서 내용을 과감하게 삭제하거나 요약하기 어렵습니다. 한 문장, 한 문단에 모두 나의 시간과 애정이 담겨 있으니까요. 그래서 요약 페이지를 만들 때도 AI의 도움을 받으면 좋습니다.

AI가 가장 잘하는 게 요약하기, 같은 말을 비슷한 말로 치환하기, 문서 양식 변경하기 같은 일들입니다. 길게 쓴 기획서를 짧게 정리하는 일도 물론 훌륭하게 잘 해냅니다. 클로드나 챗GPT를 활용해서 이렇게 프롬프트를 입력해 보세요.

 첨부한 문서를 A4 한 페이지 분량으로 요약해 줘. 문서의 목적과 주요 해결 방안을 중심으로, 각 섹션의 핵심 내용을 2~3줄로 정리해. 가장 중요한 정보만 포함하고 상세한 내용은 생략하여 작성해.

애정이 녹아든
기획서지만, 칼같이
요약해 주는 AI 덕분에
시간을 단축할 수
있었어요!

이렇게 하면 바쁜 팀장님을 위한 한 페이지 기획서가 완성됩니다. 바쁘게 돌아가는 현대 직장인에게는 요약이 필수입니다. 단순 요약과 정리는 AI에게 맡기고, 우리는 좀 더 의미 있는 일에 집중합시다.

직장인이라면 피할 수 없는 PPT

기획서만 통화되면 끝일 줄 알았는데, 발표라니요?!
이 무슨 마른 하늘에 날벼락일까요?

일잘러 직장인이라면 으레 PPT에 익숙해져야 합니다.
여러분이 쓴 기획서를 조금 더 발표용으로
다듬기만 하면 되니, 너무 겁먹지 말아요.

걱정하는 만큼 확실히 대비하기

  직장인이 되면 여러 프레젠테이션을 경험하게 됩니다. 많은 사람 앞에 나서는 건 매번 어렵고 힘든 일입니다. 정해진 시간 안에 내용도 정확히 전달해야 하고, 실시간으로 질문에 답변도 해야 하고, 청중이 어떤 사람들로 이루어졌는지에 따라 용어나 톤도 고려해야 합니다. 문서 형태의 기획서는 팀장님이라는 고객 한 명만 맞추면 되는데, 발표는 여러 사람 앞에 나서야 하는 거라 언제 어떤 돌발 상황이 생길지 알 수 없어서 더 힘들지요.

라이브는
힘들어…!

  게다가 많은 사람 앞에서 실수한다는 생각만 해도 창피하고 부끄럽습니다. 만약 소심한 성격이라면 자꾸 이런 최악의 상황만 떠올리니 더 주눅이 들 거예요. 하지만 걱정이 많아서 좋은 점도 있습니다. 이런 걱정과 고민을 바탕으로 발표를 더 탄탄하게 준비할 수 있거든요. 걱정이 많으면 많을수록 대비할 것들이 리스트업 되는 것입니다.

**걱정하는 만큼
철저히 준비하면
돼요!**

먼저 발표를 위해서는 PPT 화면이 필요합니다. 아마존 같은 회사에서는 발표보다는 문서를 다 같이 보고 토론하는 문화라고 하지만, 아직 우리에게는 발표가 더 친숙합니다. 발표 내용에 맞는 화면을 만들고, 화면별로 스크립트를 준비하고, 예상 질문과 답변을 준비하는 3STEP으로 나누어 접근해 봅시다.

기획서를 PPT로 변경하기

PPT라고 하면 화려한 기교를 넣어야 할 것 같지만, 우선은 내용에 집중하고 꾸미는 것은 그다음이에요. PPT는 발표자의 말을 듣는 동시에 화면도 봐야 해서 너무 글만 빼곡히 들어가면 안 됩니다. 모든 내용이 슬라이드에 있으면 발표를 듣지 않고 슬라이드만 읽게 될 거예요. 핵심 키워드와 시각적인 요소를 넣어 청중들이 발표 내용과 화면 모두 균형 있게 집중할 수 있도록 만들어주어야 합니다.

계속해서 나오고 있지만, AI가 가장 잘하는 일 중 하나가 포맷을 바꾸는 것입니다. 기획서를 한 페이지 요약본으로 만들었던 것과 비슷하게, 기획서를 PPT에 들어갈 내용으로도 만들 수 있습니다. 이렇게 프롬프트를 작성해 보았습니다.

이 기획서를 PPT 용으로 요약하려고 해.
각 요약은 다음 기준을 따라 작성해 줘.

1. 각 세션의 핵심 내용을 한 문장으로 표현해 줘.
2. 한 문장은 최대 30글자를 넘지 않아야 해.
3. 요약된 내용은 PPT 슬라이드에 바로 활용할 수 있어야 해.
4. 청중이 집중할 수 있도록 중요한 내용만 추출해 줘.

으으응?!!
이렇게 빨리?!!

이렇게 요약한 내용을 직접 PPT에 옮겨 작업할 수 있지만, 더 나아가 PPT를 만들어주는 AI 도구도 있습니다. 바로 '감마 Gamma'라는 사이트입니다. 감마는 미국 스타트업에서 만든 툴로, PPT뿐만 아니라 웹사이트나 문서를 자동으로 만들어주는 서비스를 제공합니다.

기획서 전체를 업로드해서 PPT 문서로 만들 수도 있지만, 내용을 요약해서 PPT 생성을 요청하면 훨씬 더 정확하고 원하는 형태에 가깝게 결과물이 나옵니다. 앞의 프롬프트로 요약한 내용을 첨부해서 PPT를 만들어 봅시다.

감마 사이트 gamma.app의 '프레젠테이션 생성하기'에서 만들고자 하는 프레젠테이션 장 수를 선택하고, 앞의 요약 내용으로 프롬프트를 입력하면 금세 프레젠테이션이 완성됩니다.

이렇게 챗GPT와 감마의 조합으로 빠르게 발표 자료를 만들 수 있습니다. 물론 감마에서 만든 자료만 100% 활용하기에는 다소 어색한 부분이 있어서 표나 그래프를 추가하거나 이미지를 변경하면서 자연스럽게 조정해 주는 게 좋습니다. PPT에 자신이 없어도 누군가 틀을 만들어주면 수정하기는 훨씬 수월합니다. AI를 활용해서 PPT 만드는 시간을 빠르게 단축해 보세요.

감마는 처음 몇 번은 무료이지만, 다양한 기능을 사용하거나 여러 장을 만들려면 유료 결제가 필요하니, 무료로 사용해 보고 결제 여부를 결정하세요.

타임라인에 맞춰 발표 스크립트 만들기

PPT가 완성되었다면, 이제 발표 스크립트를 만들 차례입니다. 기존에는 기획서 내용을 줄글이나 요약본으로 작성했지만, 발표는 조금 더 말하듯이 풀어낸 문서가 필요합니다. 만약 20분 정도의 시간 안에 발표해야 한다면, 해당 시간에 맞춰 끝내는 것도 중요합니다. 슬라이드 내용에 맞춰 주요 메시지들을 구어체로 정리해서 발표 준비를 하는 게 좋습니다. 그리고 모든 발표가 끝나고 질문을 받을 건지, 발표 중간중간에 받을 것인지도 정해야 합니다. 발표 스크립트도 글쓰기를 잘하는 AI를 활용해 봅시다. 클로드에 PPT 문서를 첨부하고 이렇게 입력해 보세요.

"질문은 발표가 끝난 후 받겠습니다"라고 해도 중간에 들어오는 질문을 막을 수 없어요!

 첨부한 문서는 OO 기획 발표 자료야. 회사 임원진 대상으로 10분간 발표를 할 예정인데 각 슬라이드에서 발표할 내용 스크립트를 작성해 줘. 주요 데이터와 개선 방안을 강조해야 해. 확신 있는 톤으로 써줘.

10분이라고 했지만, 실제 10분에 해당하는 내용의 답변이 나오지는 않습니다. 조금 더 긴 내용이라면 챗GPT보다는 클로드의 답변 수준이 조금 더 낫지만, 클로드도 한 번에 질문하면 발표 내용 전체를 응답하지 않는 편입니다. 이런 때는 조금 귀찮아도 장마다 스크립트를 작성해 달라고 하면 더 정확한 내용을 받아볼 수 있습니다.

슬라이드 한 장마다 발표 대본을 각각 만들어줘.

클로드에서 아티팩츠 기능을 켜면 각각의 슬라이드에 해당하는 실제 대본을 만들어줍니다.

이렇게 얻은 스크립트를 읽어보고 자신의 말투에 맞게 수정해 주세요. 완성한 스크립트가 실제로 몇 분 정도 나오는지 확인하려면 '발표 시간 계산기 www.speechtime.co.kr'에 완성한 스크립트를 붙여 넣어 대략적인 시간을 확인할 수 있습니다. 실제 대본을 읽어보며 그 속도를 적용하여 전체 스크립트에 해당하는 시간을 계산해 보는 방법도 있습니다.

물론 기획서를 열심히 작성했다면, 전체적인 내용의 흐름과 줄기는 이미 머릿속에 있을 거예요. 스크립트는 머릿속에 있는 내용들을 정리하고 놓치는 내용 없이 발표할 수 있도록 도와주는 역할을 합니다. AI가 작성한 내용을 직접 말해 보면서 어색한 부분은 없는지 체크해 보세요. 실제 발표 현장에서 하는 것처럼 읽는 연습을 많이 할수록 발표 때 떨지 않는답니다.

예상 질문에 대비하기

발표가 어려운 가장 큰 이유는 라이브라는 것입니다. 발표 중간중간 질문이 생길 수도 있고, 발표가 끝난 후에 갖는 Q&A 시간에는 언제 어떤 질문이 튀어나올지 아무도 모릅니다. 예상하지 못한 질문에는 "그 부분은 확인 후 답변드리겠습니다", "더 알아보고 공유하겠습니다" 하고 넘어갈 수도 있습니다. 하지만 모든 질문에 대한 답변을 미뤄서는 안 되겠지요. 예상되는 질문을 리스트업 하고 미리 답변을 생각해 두면, 발표자로서 훨씬 더 프로페셔널한 모습을 보여줄 수 있습니다.

이번에도 AI를 활용해서 예상되는 질문을 리스트업 하고 답변을 정리해 보겠습니다. 챗GPT에 이렇게 프롬프트를 입력해 봤습니다.

> 이 발표 자료를 보고 예상되는 질문을 영역별로 리스트업 해줘. 질문은 임원진 관점에서 중요할 수 있는 전략, 재무, 운영적 측면이 포함되어야 해.

이렇게 하면 챗GPT가 질문 폭격기가 되어 질문을 리스트업 해줍니다. 그러면 우리는 해당 질문에 대한 답을 미리 생각하고 정리해 두면 됩니다. 조금 더 편한 방법은 **"해당 질문에 대한 답변도 적어줘"** 라고 답변까지 요청할 수 있지만, 이 부분은 조금 두루뭉술하거나 일반적인 선에서 답변이 나올 때가 많기에 정확한 상황에 맞춰 어차피 수정해야 합니다.

기획서부터 발표까지, 준비하느라 고생 많으셨어요!

Q&A 시간에 의외로 아무도 질문하지 않아서 조용히 발표가 마무리될 때도 있긴 하지만, '평소처럼 질문이 없겠지' 하고 준비를 안 하면 꼭 질문이 많이 나오더군요. 준비를 많이 했는데 Q&A 시간에 아무도 질문을 안 해주는 것도 조금 섭섭하지만, 질문이 없을 때는 자신이 준비한 발표 내용이 워낙 탄탄해서 질문이 없는 게 아닐까 하고 긍정적으로 생각합시다.

기획부터 발표까지 혼자서 진행한 제가 정말 대견해요!

회사 내부 데이터 완벽 분석하기

기획안을 쓰다 보니 실제로 많은 데이터를 접하게 돼요.
그런데 데이터를 보는 것조차 복잡하고 어려워서 난감할 때가 많아요!

회사는 사실 데이터를 기반으로 움직인다고 해도
과언이 아니에요. 데이터를 잘 볼 줄 안다면
새로운 기획 및 제안도 훨씬 다양해질 수 있답니다!

회사의 방향을 결정하는 내부 데이터 분석

대부분 회사는 데이터 기반으로 일의 방향을 정합니다. "최근 3개월간 회원 수 증가 추이 좀 알려주세요", "우리 회원 중에 30대 여성이 가장 많이 찾는 상품이 뭐죠?", "이벤트가 진행된 날의 매출 추이를 분석해 주세요", "메인 화면에서 클릭 로그가 가장 많은 상품이 뭔지 확인해 주세요."

이런 요청들이 모두 데이터를 확인해 달라는 말입니다. 앞서 기획안을 작성할 때 외부 자료와 데이터를 정리하기 위해서는 공개된 자료를 활용했지만, 이런 질문들에 대한 답은 모두 회사 안에 존재합니다.

제가 다녔던 회사에는 모두 '데이터팀'이 있었어요. 데이터팀에 계시는 직원분에게 "데이터 보는 게 너무 힘들어요. 그런데 데이터팀은 얼마나 힘들까요?" 하고 물었더니 이렇게 대답하시더군요. "데이터 보는 것이 어렵긴 한데, 숫자 하나로 회사가 가야 할 방향이 바뀐다고 생각하면, 오싹해서라도 더 꼼꼼히 보게 되는 것 같아요."

I HATE DATA…!

데이터는 회사의 크고 작은 의사결정을 하는 근거가 되

는 자료였어요! '향수 정기구독 서비스를 만들자!'라고 해서 데이터를 봤더니 향수의 구매 주기가 2~3년으로 너무 길다면, 이 과제는 진행하는 게 맞을까요? 만약 진행한다면 '향수를 정기구독 하게 하려면 어떻게 해야 할까?'를 고민해야 할 것입니다. 이처럼 일의 전반적인 방향이 달라지게 만드는, 데이터는 회사에서 무척 중요한 요소입니다.

정말로 회사는 숫자 없이는 일이 돌아가지 않았습니다. 문과인 저도 회사에서 살아남기 위해 엑셀이나 SQL, R, Python 같은 언어 공부를 하곤 했습니다. 어떤 날에는 온종일 데이터만 보다가 엉덩이가 너무 아팠던 날이 있을 정도였지요.

데이터를 분석하고 해석하기

의사결정의 방향을 정해주는 든든한 데이터를 보기 위해 전에는 열심히 여러 언어를 공부했었는데, 이제는 AI를 활용해서 쉽게 데이터를 확인할 수 있다는 걸 알게 되었습니다. 지금부터 데이터를 쉽게 분석하고 활용하는 꿀팁을 소개합니다.

너무 어려운 개발 언어보다는 가장 많이 사용하는 엑셀부터 시도해 보면 좋습니다. 개발자가 아니라면 데이터베이스에 접근할 권한을 주지 않는 곳도 많습니다. 그래서 개발자에게 데이터 추출을 요청하면 간단한 수치는 개발자들이 뽑아주기도 합니다.

그런데 데일리나 위클리 등 정기적으로 데이터를 확인해야 하는 경우는 매번 개발자들이 확인해주기 어려우니 'raw data'를 엑셀 파일로 다운로드한 후 보고 싶은 데이터를 가공해서 확인하는 게 좋습니다. 간단한 데이터는 피벗만 해도 볼 수 있지만, 조금 더 자세한 데이터를 봐야 할 때는 필요한 기술이 있습니다.

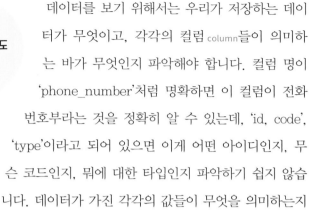

챗GPT의 분석 기능은
유료이지만, 무료 버전에서도
10번 정도 질문이
가능합니다!

데이터를 보기 위해서는 우리가 저장하는 데이터가 무엇이고, 각각의 컬럼 column들이 의미하는 바가 무엇인지 파악해야 합니다. 컬럼 명이 'phone_number'처럼 명확하면 이 컬럼이 전화번호부라는 것을 정확히 알 수 있는데, 'id, code', 'type'이라고 되어 있으면 이게 어떤 아이디인지, 무슨 코드인지, 뭐에 대한 타입인지 파악하기 쉽지 않습니다. 데이터가 가진 각각의 값들이 무엇을 의미하는지 파악하는 게 가장 어려운데, 이때 AI의 도움을 받아 데이터를 이해할 수 있습니다. 데이터 파일을 업로드하고 이렇게 요청해 보세요.

 첨부한 문서 데이터 필드가
무엇을 의미하는지 알려주고 간단히 분석해줘.

그러면 챗GPT가 각 데이터 컬럼이 어떤 의미인지부터 어떤 데이터를 볼 수 있는지 분석해 줍니다.

이 프롬프트는 캐글(Kaggle)의
〈Online Sales Dataset – Popular
Marketplace Data〉를 활용했습니다.

제공된 데이터셋은 각 판매 거래에 대한 자세한 정보를 담고 있는 온라인 판매 데이터셋입니다. 주요 필드와 그 의미는 다음과 같습니다:

1. Transaction ID: 각 판매 주문에 대한 고유 식별자
2. Date: 판매 거래가 발생한 날짜

이렇게 하면 자신이 보려는 데이터셋의 각 컬럼이 무엇을 의미하는지 알기 쉽고, 피벗을 어떻게 해야 할지도 쉽게 파악할 수 있습니다.

단순노동 전처리는 AI와 함께

챗GPT를 이용해서 **"가장 많이 팔린 상품 알려줘"**, **"날짜별로 판매 추이 그려줘"**, **"가장 많이 사용되는 결제 수단 알려줘"** 하고 질문하면 챗GPT가 표를 만들어서 답변을 해줍니다. 다만 이 분석 기능은 무료 버전에서는 질문 횟수 제한이 있습니다. 또한, 대외비이거나 외부로 유출되어서는 안 되는 중요한 데이터는 챗GPT에 업로드하지 않아야 해요.

대외비 자료는 외부에 유출되면 안 됩니다!

이럴 때는 챗GPT에 **"엑셀에서 피벗 하는 방법 알려줘."** **"VLOOKUP 하는 방법 알려줘"** 하는 식으로 엑셀 사용법이나 함수를 찾는 용도로 보조적으로 사용할 수 있습니다.

그리고 엑셀에서 데이터를 보면 숫자처럼 생겼는데 문자로 인식하거나,

혹은 텍스트 뒤에 공백이 포함되어서 피벗이나 필터
가 잘 적용되지 않을 때도 있습니다. 이럴 때는 문
자 형식을 숫자로 변경하거나, 공백을 제거해야 합니
다. 이렇게 데이터를 분석하기 전에 데이터를 정리하고
변환하여 분석에 적합한 상태로 만드는 것을 '전처리'라고

일어나,
전처리 해야지….

합니다. '전처리'는 모든 데이터를 다루는 사람들이 지루하고 힘들어하는 작
업입니다. 실제로 데이터를 보는 건 어렵지 않은데, 데이터 전처리에서 시간
이 많이 들기 때문에 이 구간에서 '데이터는 엉덩이로 하는 것!'이라는 얘기
가 나오곤 해요.

전처리 단계에서 데이터의 품질을 높여야만, 이후 분석 단계에서 신뢰할
수 있는 결과를 도출할 수 있으니 가장 많은 시간이 들지만 가장 중요한 핵
심 파트입니다. 너무 어려운 데이터 전처리는 데이터팀의 도움을 받기도 하
지만, 중복 데이터를 제거하거나 공백을 제거하고, 데이터 형식을 바꾸는
정도는 직접 할 수 있습니다.

예를 들어, 주소 필드에 '서울'에서 구매한 내용만 보고 싶은데 주소에 이
렇게 입력되어 있다고 생각해 봅시다. '서울', '서울시', '서울특별시' 모두 서
울을 의미한다는 것을 알지만, 엑셀에서는 같은 '서울'로 인식하지 못하기
때문에 이 값들을 모두 같은 값으로 변경해야 합니다. 이럴 때 전처리 할
수 있는 방법으로 AI를 이렇게 활용해 봅시다.

> 엑셀에서 '서울', '서울시', '서울특별시'라고 다르게 되어 있는 값들을 모두 '서울'로 변경
> 하려고 해. 전처리 하는 방법 알려줘.

그러면 챗GPT가 기존 데이터가 A 열에 있다면, B 열에 새로운 열을 추가한다고 가정하고 =IF(OR(A2="서울", A2="서울시", A2="서울특별시"), "서울", A2)라는 함수를 알려줍니다. 챗GPT를 이용하면 구글링이나 네이버에 검색해 보는 것보다 빠르게 답을 찾을 수 있어 시간을 절약할 수 있습니다.

또, 표나 그래프로 변경해 달라고 하면, 시각화된 자료를 만들어주기도 합니다. 이 부분도 챗GPT에 그래프 유형을 알려주고 적합한 데이터와 그래프를 물어보는 식으로 활용하면 좋습니다. 이렇게 하면 중요한 데이터를 외부에 유출하지 않으면서도 AI를 잘 활용할 수 있어요.

질문이 많아야 보이는 게 많다

데이터를 확인할 때 가장 중요한 점은 바로 "궁금한 것이 많아야 한다!"라는 것입니다. 챗GPT가 어떤 데이터를 봐야 할지 기본적인 분석 가이드를 주기도 하지만, 데이터를 보는 우리가 직접 이 데이터 안에 숨어있는 의미들을 고민해야 합니다.

'우리 쇼핑몰을 사용하는 사람들의 연령대는 어떻게 될까?', '해당 연령대의 사람들이 자주 사는 카테고리와 상품은 뭘까?', '사람들이 많이 찾지만, 우리가 팔지 않는 상품이 있을까?', '결제 과정에서 이탈이 많이 생기는 구간은 어디일까?' 등 궁금한 점이 많아야 데이터를 활용해서 우리가 궁금한 점에 대한 답을 찾을 수 있습니다. 여기서 얻은 결과물을 바로 '인사이트'라고 하고, 이렇게 비즈니스 의사결정과 문제 해결을 위한 중요한 질문들을 '비즈니스 퀘스천 Business Question'이라고 한답니다.

BQ?
BBQ…?!!

평소에 비즈니스와 관련된 질문을 많이 생각해 두면 데이터를 보는 데 도움이 됩니다. 내가 궁금한 것들을 해소하기 위해 자연스럽게 어떤 데이터가 필요한지, 어떻게 봐야 할지로 이어지기 때문입니다. 자신이 속해 있는 산업과 서비스에 궁금증이 생기는 순간, 엉덩이 아프고 머리가 지끈거리던 데이터 보기가 짜릿하게 느껴집니다.

평소에 궁금한 점을 많이 모아 둡시다!!

궁금증을 해결하는 과정을 거치다 보면, 데이터 기반의 사고방식이 자연스럽게 몸에 배게 될 겁니다. '호기심을 갖고 끊임없이 질문하기'에서부터 데이터 보기가 시작된다는 것을 잊지 마세요!

두괄식씨, 누구세요?

회사에서 "두괄식으로 다시 써 와요!" 하는 얘기를 들어보신 적이 있나요? 처음에 '두괄식'이라는 얘기를 듣고 '두괄식…? 두괄식 씨…, 이름 같아. 조금 험악한 인상이려나?' 하고 엉뚱한 생각을 하기도 했습니다. 회사에 다니기 전에는 익숙하지 않았던 단어였거든요.

하지만 사실 '두괄식'은 교과 과정에 나온다고요!

두괄식 말고도 개조식, 미괄식, 양괄식, 문답식도 있고, 팀장님 스타일에 따라 사례 중심으로 써오라는 분도 있으며, 비교 대조하라고 하는 분, 시간순으로 쓰라고 지시하는 팀장님도 있었습니다.

하지만 가장 많이 들었던 글쓰기 방식 두 가지를 꼽으라면, 바로 두괄식과 개조식 글쓰기입니다! 두괄식은 글의 첫머리에 중요한 내용을 먼저 서술하는 글쓰기 방법이고, 개조식은 내용을 항목별로 나열하는 방법의 글쓰기입니다.

두괄식으로 머리 감는 방법을 쓴다면, '머리 감는 순서는 샴푸, 헹구기 그리고 컨디셔너 사용입니다'처럼 가장 앞쪽에 중요한 부분을 먼저 짚고, 그다음에 상세한 내용을 전개해 나가는 방식입니다. 뉴스 기사에 헤드라인을 보면 자세한 기사 내용을 보지 않아도 대충 어떤 내용인지 짐작할 수 있습니다. 바로 핵심 내용을 먼저 보여주는 두괄식 글쓰기에 해당합니다.

그리고 개조식은 '글머리 기호 Bullet point'를 넣어 다음과 같이 작성하는 것입니다. 간략하게 요점별로 나열하는 방식이지요. 글머리나 기호, 번호 등을 이용해서 간결하고 명확하게 정보를 전달할 수 있다는 장점이 있어요. 내용이 한눈에 들어오기 때문에 프레젠테이션에서도 많이 사용하는 방식입니다.

머리 감는 방법
- 샴푸
- 컨디셔너
- 헹구기
- 헹구기

만약 두괄식, 개조식으로 글쓰기가 어렵다면 챗GPT에 **"다음 글을 개조식으로 작성해 줘"**, **"두괄식으로 변경해 줘"**라고 요청해 보세요. AI가 잘하는 일은 기존의 글을 다른 포맷으로 변경하는 것입니다. 이런 글쓰기 방식의 이름을 대면서 정리해 달라고 하면 맞춤형으로 수정해 줍니다.

팀장님이 원하는 글쓰기 방식이 있다면, 챗GPT로 다양하게 변경해 보면서 팀장님의 글쓰기 스타일에 맞춰 보세요! 기획서의 통과 여부는 팀장님에게 달린 만큼, 팀장님의 스타일에 맞춰 글을 쓰면 컨펌 시간이 빠르게 줄어들 거예요!

📝 도식화만 잘해도 PPT가 달라 보여!

앞서 소개한 머메이드mermiad chart를 이용한 도식화 방법 이외에도 개념을 그림으로 표현할 수 있는 '냅킨Napkin'이라는 AI 서비스가 있습니다. 작성한 글을 '붙여넣기' 하여 사용할 수도 있고, 프롬프트를 이용해서 글을 작성할 수도 있어 글을 작성하는 동시에 그 내용을 그림으로 바꿀 수 있습니다. 앞에서 작성한 기획서의 일부 내용을 붙여넣고, 내용에 어울리는 도식을 만들어 볼까요?

냅킨 홈페이지에 로그인하기

냅킨 홈페이지www.napkin.ai에서 회원 가입 및 로그인을 한 후, 노트 모양의 페이지가 나오면, 이곳에 도식으로 만들고 싶은 내용을 붙여넣습니다.

붙여 넣은 문단에 마우스를 가져다 대면 [Auto spark] 버튼이 활성화됩니다. 버튼을 눌러 도식을 생성합니다.

그러면 아래 화면과 같이 내용에 자연스럽게 어울리는 도식 몇 가지를 추천해 줍니다. 마음에 드는 도식을 선택하고 주제를 수정하고 싶으면 한 번 더 제안해 주는 주제를 골라 적용합니다.

어울리는 도식을 추천받고 주제 수정하기

세부 텍스트와 내용을 수정하고 싶다면, 각각의 항목을 더블 클릭하여 원하는 형태로 수정할 수 있습니다.

세부 내용 수정하기

도식이 완성되었다면, 발표 슬라이드에 넣고 싶은 부분을 전체 선택하여 복사합니다. 원하는 슬라이드 안에 '붙여넣기' 하면 바로 활용할 수 있습니다.

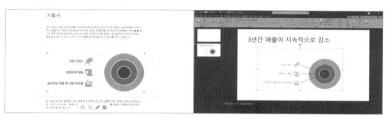

원하는 슬라이드 안에 '붙여넣기' 하기

총 40여 가지의 도식 형태를 지원하고, 도식 내에서 항목을 추가하거나 삭제하는 것도 가능합니다. 하나 아쉬운 점은 이렇게 삽입한 도식은 파워포인트 안에는 이미지 형태로 들어가기 때문에 추가적인 수정이 어렵습니다. 만약 수정이 필요하다면 다시 냅킨의 작업물로 돌아가서 수정해야 하는 점 명심하세요.

NEXT STEP으로
나아가는 글쓰기

목표 달성 감사 메일의 효과

어떤 회사에는 서비스를 런칭했거나, 목표를 달성하면
같이 일했던 분들께 감사 메일을 보내는 문화가 있더라고요.
저희도 해보고 싶어요!

함께 일한 분들께 감사한 마음도 전하고,
업무 성과도 알리는 좋은 문화 같네요!

마무리는 아름답게

회사마다 특별한 그 회사만의 문화가 있어요. 예전에 함께 일한 회사는
진행하던 일이 목표를 달성하면 해당 프로젝트를 담당했던 PM들이 관련자
분께 감사 메일을 쓰는 문화가 있었습니다. 예를 들면 이런 식입니다.

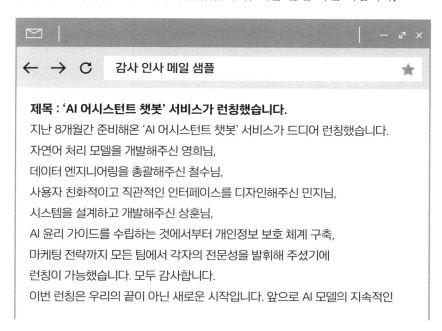

제목 : 'AI 어시스턴트 챗봇' 서비스가 런칭했습니다.
지난 8개월간 준비해온 'AI 어시스턴트 챗봇' 서비스가 드디어 런칭했습니다.
자연어 처리 모델을 개발해주신 영희님,
데이터 엔지니어링을 총괄해주신 철수님,
사용자 친화적이고 직관적인 인터페이스를 디자인해주신 민지님,
시스템을 설계하고 개발해주신 상훈님,
AI 윤리 가이드를 수립하는 것에서부터 개인정보 보호 체계 구축,
마케팅 전략까지 모든 팀에서 각자의 전문성을 발휘해 주셨기에
런칭이 가능했습니다. 모두 감사합니다.
이번 런칭은 우리의 끝이 아닌 새로운 시작입니다. 앞으로 AI 모델의 지속적인

학습과 사용자 피드백을 받아 사랑받는 서비스로 거듭날 수 있도록,
10만 사용자 달성을 목표로 지속적으로 업데이트 해 나가겠습니다.
8달 동안 고생 많으셨습니다. 감사합니다.

☺ ▣ 𝒫 Aa [GIF]   보내기   🗑

함께 일한 동료들에게 감사한 마음도 전하고 자연스럽게 서비스 런칭에 대한 홍보와 성과 공유가 되는 메일이었습니다. 이런 메일에 내 이름이 들어가 있으면 괜히 뿌듯하기도 합니다. 일하는 과정에서 논쟁도 하고 협의가 잘 되지 않아 힘들었던 부분도 있었는데, 이런 메일을 받으니 '그래도 치열하게 논쟁했기 때문에 결과가 잘 나온 것 같아!' 하고 긍정적인 기억으로 바뀌게 됩니다.

만약 진행하고 있던 시스템을 런칭했다면(혹은 업무상 성과가 있다면), 여러분도 런칭 감사 메일을 한번 써 보세요. 갑작스레 쓰기보다는 미리 초안을 작성해 둔 후 필요할 때 보내는 것도 방법입니다. 업무 감사 메일을 쓸 때는 함께 일했던 부서와 직원 중 언급되지 않는 사람이 없는지 세심하게 살펴야 합니다. 또, 너무 과장되거나 감성적으로 쓰지 않도록 주의해야 하지요. 물론 서비스 런칭은 잘한 일이고, 좋은 성과이니 널리 알리는 게 맞지만, 너무 자랑하는 것 같이 보이지 않도록 신경 써야 합니다. 적당히 격식이 있으며 감사한 마음을 담고 은근한 성과 자랑이 드러나게끔 해야 하는 글쓰기입니다. 일하다 보면 시작과 끝이 명확하게 보이지 않고 끊임없이 흘러가서 지칠 때가 있어요. 이런 메일이 업

감사하지만,
너무 오그라들어!!!

너무
자랑하는 것
같은가?

무의 한 챕터가 끝났다는 것을 알려주는 신호가 되기도 하고, 평소에 같이 일하는 분들께 감사함을 전달하기가 쉽지 않은데 일의 마무리를 기회 삼아 마음을 전달하기에도 좋습니다. 쓰는 사람은 조금 낯간지럽기도 하지만, 의외로 장점이 많은 감사 메일, 함께 써 보세요.

감사 메일에 담길 내용

감사 메일에는 우선 성과에 대한 내용이 포함되어야 합니다. 프로젝트가 끝났다든가, 신규 서비스가 런칭했다거나, 오래된 개선 과제가 해결되었다는 내용 등을 언급해 줍니다. 팀장님이 말했듯, 이 메일은 함께 일한 동료들에게 감사한 마음을 전하는 것이기도 하지만, 관련 부서에 성과를 공유하고 홍보하는 것이기도 합니다. 구체적인 수치가 있다면 포함해 주고, 수치가 없더라도 '런칭했다, 배포했다' 등 완료된 부분에 대해 짚어 주세요. 그리고 주요 기여자들의 이름과 구체적인 공헌을 언급해 주면 좋습니다. 다만, 이 부분은 한 명이라도 누락하면 섭섭할 수 있기에 만약 참여자가 너무 많다면 팀별로 기재하는 것도 방법입니다.

프로젝트를 진행하면서 특별했던 순간이나 에피소드가 있다면 함께 적어 주고, 마무리는 향후 방향이나 다음 단계에 초점을 맞춘 후 다시 한번 감사를 표현하면 됩니다.

마지막으로 메일을 보낼 때는 수신자가 누락되지 않도록 꼼꼼하게 보낼 주소 리스트를 살펴봐 주세요.

초안 작성을 AI에 맡겨보기

사실 '성과는 당당하게 표현해라', '주눅 들지 말고 잘한 일이 있으면 널리 알려라' 하는 것을 알아도, 공식적으로 메일을 쓸 때는 조금 소심해지기도 합니다. 회사 분위기에 따라서 프로젝트 종료 메일을 보내지 않는 곳도 있고, 혹여라도 메일을 보낸 이후에 문제점이 발생했거나 하면 열심히 성과를 포장한 게 무색해지거든요. 프로젝트 종료에 대한 감사 인사 메일은 회사 분위기와 타이밍을 잘 맞춰서 작성하는 게 중요합니다.

직접 쓰려고 하면 의외로 썼다 지우기를 반복하게 되는 감사 인사 메일의 초안 작성을 챗GPT에 맡겨 볼까요?

> 8개월 동안 진행하던 신규 프로젝트가 종료되었어. 함께 일한 동료들에게 프로젝트 완료에 대한 감사 인사와 성과에 대해 알리는 내용의 메일을 보내려고 해. 역할별로 감사하다는 내용을 포함해서 초안을 작성해 줘.

이렇게 만들어진 결과물은 말투가 기계적이고 한국어에 조금 어색하게 느껴질 수 있으니, 초안 내용을 바탕으로 잘 다듬어야 합니다. 프로젝트 완료에 대해 언급하면서 함께 일한 동료들에게 성과를 나누고 감사한 마음을 전해 보세요. 물 흐르듯 넘어가는 것보다 한 차례 호흡을 정리하면서 다음을 준비하기 훨씬 수월합니다.

과거를 돌아보며 성장하는 회고

한 게 없는 것 같은데 시간만 자꾸 가네요.
뭘까요? 이 허무한 기분….

허무하게 생각하지 말아요. 여러분이 겪는 모든 순간에는
의미가 있어요. 잠시 시간을 내서 뒤돌아보고
작은 성취를 찾아봅시다!

멈춰 서서 돌아보는 시간을 갖자

IT 회사에서는 짧은 주기로 일을 하고 해당 주기가 끝나면 '회고'를 하는 경우가 많아요. 회고란 자신의 과거 경험을 돌아보면서 배움을 정리하는 것을 말합니다. 예를 들면, 한 달 주기로 일을 했을 때 한 달 뒤에 팀원 모두가 모여서 그동안 했던 업무를 돌아보면서 잘한 점과 아쉬웠던 점을 얘기하면서 다음에는 어떻게 더 잘해 볼지, 더 효율적으로 일하는 방식이 있을지 검토하는 회의를 합니다.

IT 회사에서 많이 하는 과정이지만, IT 회사라고 무조건 회고를 하는 것은 아니에요. 또, 꼭 IT 업계가 아니라도 잠깐 멈춰 서서 그간 한 일을 돌아보는 과정은 중요합니다.

아무것도 안 한 줄
알았는데, 회고하다
보니 배운 게 아예
없진 않았어! (뿌듯)

하루하루는 너무나도 바쁘고 치열한데, 새로운 달이 시작하거나 분기가 끝났을 때 왠지 허무함이 밀려들며 '이렇게 또 한 것 없이 시간이 가는구나!' 할 때가 많습니다. 그럴 때 회고를 추천합니다. 자기가 했던 일을 돌아보고 스스로 칭찬과 격려를 하기도 하고

부족했던 점은 더 잘하기 위해 어떻게 노력해야 할지 정리하다 보면 나만의 성장 포인트를 찾게 되고 뿌듯함이 생길 거예요.

회고를 위한 정리의 기술

회고에는 여러 가지 방식이 있어요. 큰 줄기로 보면 '좋았던 점', '아쉬웠던 점', '개선할 점'으로 정리됩니다. 각 항목에 맞는 사건들을 돌이켜보며 '이런 점은 좋았으니 계속 잘 해보고, 이런 점은 아쉬웠으니 이렇게 개선해 보자' 하고 정리합니다.

- 4Ls(Liked, Learned, Lacked, Longed for): 좋았던 점, 배운 점, 부족했던 점, 바라는 점
- Start, Stop, Continue: 시작해야 할 것, 중단해야 할 것, 계속해야 할 것
- KALM(Keep, Add, Less, More): 유지할 것, 추가할 것, 줄일 것, 더할 것

감정적으로는 Mad(화났던 일), Sad(슬펐던 일), Glad(기뻤던 일)로 나누는 방식도 있고, 시간순으로 과거를 돌아보면서 사건이나 이벤트별로 정리하는 방법도 있습니다.

팀원들과 함께 회고할 때는 각자 포스트잇에 좋았던 점, 아쉬웠던 점, 개선할 점을 적고 화이트보드에 비슷한 것끼리 모은 후 개별 발표하고 정리하는 식으로 진행됩니다. 혼자 할 때도 이런 방식으로 메모장에 정리해 보세요.

회고를 도와주는 프롬프트

만약 이런 분류가 어렵다면, 조금 더 구체적인 질문을 통해 회고를 진행해도 좋습니다. 혼자 생각을 정리하기 쉽지

회고하면서
회개하시오~ (넝담)

않다면, AI의 도움을 받아볼까요? 챗GPT에 다음과 같이 프롬프트를 입력해 보세요.

> 회사에서 1분기를 마무리했어. 관련해서 회고할 수 있는 질문은 해 줘.

그러면 챗GPT가 유형별로 나눠서 질문하기도 하고, 상황에 맞는 구체적인 질문 리스트를 뽑아줍니다. AI가 항상 똑같은 답을 주지는 않지만, 이런 식으로 답변을 해주니 참고해 보세요.

> 1분기 마무리를 위한 회고에 도움이 될 수 있는 질문을 몇 가지 제안해 드리겠습니다.
> 이 질문들은 팀의 성과와 개선점을 분석하는 데 유용할 수 있습니다.
>
> 1. **목표 달성 여부:** 이번 분기 설정한 목표를 얼마나 달성했나요?
>   목표 달성에 기여한 주요 요인은 무엇이었나요?
> 2. **성과와 성공 사례:** 이번 분기 동안 가장 큰 성과는 무엇이었나요?
>   이 성과를 달성하기 위해 어떤 전략이나 방법이 효과적이었나요?
> 3. **도전 과제와 극복:** 어떤 어려움이나 도전 과제가 있었나요?
>   이를 어떻게 극복했나요? 실패한 부분이 있다면, 그 원인은 무엇이었나요?
>
> 〈생략〉

꼭 업무가 아니어도 괜찮아!

회고는 회사에서 자주 사용하지만, 꼭 회사 업무에만 한정하지 않아도 됩니다. 요즘에는 자신의 삶 전반을 회고하는 분들도 많습니다. 예를 들면, 새해에 '올해는 운동할 거야'라고 계획을 세웠다면, 월별 또는 분기별로 정리하면서, 그 목표를 달성했는지 돌아보는 것도 회고입니다. 내가 올해 초에 세웠던 운동하기를 위해 이번 달에 무엇을 했는지, 잘한 점은 무엇이고 아쉬웠던 점은 무엇인지, 그리고 다음 달에 더 잘하려면 어떻게 해야 하는 지를 돌아보는 겁니다.

신입사원일 때는 '회사 일에서 뭐 배워가는 게 있겠어? 그냥 밥벌이하고 월급 꼬박꼬박 나오니까 생계를 위해 하는 거지' 하고 생각했던 적도 있었습니다. 그런데 회고하다 보니 회사 일에서도 배워가는 게 있었어요. 꼭 수치적인 성과가 아니더라도 함께 일하는 동료들과의 협업 과정에서 인간관계를 배우고, 더 일을 잘 하기 위한 방법을 고민하기도 했습니다. 어떻게 하면 서로 화내지 않으면서 원활하게 소통할 수 있을지도 연구했지요. 어떤 일이든 배우는 게 있으면 성장하는 거라고 생각합니다.

매일 해야 할 일에 치이는 바쁜 회사 생활이지만, 잠깐 시간을 내서 되돌아보고 숨을 고르는 시간을 가져본다면 자신의 성취와 성장이 눈에 보일 거예요.

이력서에 숫자를 더하는 성과 정리

저도 이제 엄연히 연차가 쌓인 경력자가 되었어요.
이제 제 경력서를 제대로 작성해 보고 싶은데,
어떻게 쓰면 좋을까요?

많은 직장인이 이런저런 이유로 회사를 옮겨야 할 때가 있지요.
그럴 때 꼭 필요한 게 바로 경력서입니다!
경력서는 주요 경력을 역할과 성과 위주로 적어주세요!

수치가 들어가는 경력자의 이력서

이직하고 싶은데 이력서를 어떻게 써야 할지 고민이라는 친한 동료가 있었습니다. 동료는 고객 문의를 관리하는 업무를 담당하고 있었어요. 마침 동료의 업무를 잘 알고 있어서, 저는 이렇게 얘기해 주었습니다.

"고객 문의, 오후 4시까지 접수된 건은 모두 당일에 다 답변하지 않아요? 그러면 당일 답변율이 99.9%잖아요? 그 수치를 적어 보면 어때요?"

"그건 너무 당연한 업무잖아요. 너무 과장하는 것 같은데 그렇게 적어도 될까요?"

이렇게 답하기에 제가 "그게 과장이에요?" 하고 되물었더니, 동료는 "수치로 따지면 99.9% 답변이긴 한데, 역시 뭔가 부끄러워요" 하고 답했습니다. 자신이 한 일을 너무 과장해서도 안 되겠지만, 잘한 일은 잘했다고 적어줘야 합니다. 오후 4시까지 접수된 문의를 오후 6시에 답변하려면, 2시간 이내에 처리해야 하는데, 이는 꽤 어려운 미션입니다. 담당자의 업무 지식이 높고 숙련도가 높을 때만 가능한 일입니다. 이 일을 단순히 '고객 문의 담당'이라고만 하면 면접관 입장에서는 '음, 그렇군. 그래서?' 하고 자세히 들여다보지 않게 됩니다.

앞에서도 말했듯이 회사는 숫자로 돌아갑니다. 일을 할 때도 구체적인 지표가 있어야 자기 일을 객관적으로 표현하고 어필할 수 있습니다. 면접관 입장에서도 '이력서를 이렇게 수치화해 두었다니, 우리 회사에 와서도 숫자로 일을 잘하겠군!' 하고 조금 더 눈길이 가게 됩니다.

면접관이 경력자의 이력서를 검토할 때는 보통 어떤 일을 했는지, 즉 경력 사항을 먼저 봅니다. 그런데 많은 경력자가 '이런 일을 했다' 정도로 간단하게 기재하는 편입니다. 정량적으로 수치화하기 어려운 정성적인 일도 물론 있겠지만, 가능하면 숫자를 넣어 정량적으로 이력서를 업데이트해 준다면 조금 더 눈길이 갑니다.

경력서 쓰는 게
기획서 쓰기보다
어렵게 느껴지는 건
왜일까…?

이력서 샘플 참고하기

정량적으로 업무 성과를 적어보려 해도 어떻게 써야 할지 잘 모르겠을 때는 다른 사람의 이력서를 보고 참고하면 좋습니다. 하지만 무턱대고 따라 할 수 없는 게 이력서이니, 이럴 때는 AI의 도움을 받아 봅시다. 프롬프트를 이렇게 입력해 보세요.

> 고객 문의 담당자의 이력서를 성과 위주로 작성하려고 해. 프로젝트별로 어떤 역할을 했고 성과를 냈는지 경력 사항 부분의 샘플을 작성해 줘.

여기서는 예시로 '고객 문의 담당자'라고 지정했습니다. 여기에 자신의 상황에 맞게 적절한 업무로 변경해서 입력하면 됩니다. 단순히 '고객 문의 담당자'이고 구체적인 내용을 적지 않았음에도 챗GPT는 다음과 같이 업무 내용을 샘플링해서 작성해 준답니다.

경력 사항

퍼스트콜 서비스 – 고객지원팀 대리 (2020년 7월 – 2024년 3월)
• 고객 불만 처리 시간을 평균 72시간에서 24시간으로 단축, 고객 이탈률 15% 감소
• 직원 교육 프로그램 개발 및 실행, 팀 생산성 30% 향상 및 이직률 25% 감소
• 고객 인사이트 리포트 시스템 구축, 경영진의 의사결정에 핵심 자료로 활용
• 연간 최우수 고객 서비스상 2회 연속 수상, 회사 전체 CS 점수 향상에 기여

모바일드림 – 고객센터 상담원 (2018년 1월 – 2020년 6월)
• 신규 상담원 대비 200% 높은 고객 만족도 달성, 분기별 최우수 상담원 4회 선정
• VIP 고객 전담 'Dream Care' 프로그램 기획 및 운영, 프리미엄 고객 유지율 40% 증가
• 고객문의 데이터 분석을 통한 FAQ 개선 프로젝트 주도, 반복 문의 30% 감소

물론 내용은 가상으로 작성된 것이기 때문에 이 결과물을 참고로 자기 상황에 맞게 다시 작성해야 합니다. AI의 답변은 '수치하고 지표화'하는 방법과 양식을 참고하는 데 활용합니다. 자기 경력 사항에 대해 조금 더 힌트를 많이 주면 해당 내용으로도 작성해 주니 참고하세요.

챗GPT, 클로드, 퍼플렉시티, 코파일럿, 제미나이 등
대부분 텍스트 생성형 AI가 유사한 답변을 해줬어요.
여러분이 편하게 사용하는 AI 툴을 이용해 보세요.

이력서는 재직 중에 업데이트하기

이제
외부인이니까
대외비!

우리는 평소에 업무 성과를 매번 수치화해서 정리하지는 않습니다. 그러니 시간이 지나면 이력서를 쓰기 위해 과거의 행적들을 추적하면서 수치를 찾아내야 합니다. 더욱이 퇴사한 이후에 이력서를 업데이트하기란 더욱 쉽지 않습니다. 회사를 나오는 순간, 내부 자료에 접근할 방법이 없어지니 성과 부분은 재직 중에 정리해 두는 게 좋습니다.

틈틈이 과거 업무 내용들을 살펴보면서 하나씩 하나씩 지표화하고 이력서에 업데이트해 주세요. 모든 일을 수치화하기는 어려우니 물론 정성적인 내용이 들어갈 수도 있습니다. 정성적인 내용은 소프트 스킬을 위주로 작성하는 게 좋습니다. '**수치화할 수 없는 사항의 경력 사항 샘플을 작성해 줘**' 하고 AI에 프롬프트를 입력해서 샘플을 확인하는 것도 좋아요.

업무 특성상 지표화하기 어려운 업무만 담당했다면, 자신이 근무한 연차 대비 너무 성과가 없는 것 같아서 고민이 들 수도 있습니다. 이직에 대한 열망이 너무 큰 나머지 자기 일을 과장하고 싶은 생각이 들기도 하지요. 이력서를 쓸 때 자신이 했던 일을 당당하게 적어야 하지만, 과장하거나 너무 확대해서 기록하는 것은 좋지 않습니다.

제가 신입사원일 때 '다대다 면접'을 보았습니다. 지원자가 두 명에 면접관이 세 명인 면접이었습니다. 그런데 저와 함께 면접을 보는 지원자가 알고 보니 신입이 아닌 경력자였어요. 그래서 저도 모르게 주눅이 들었고 '나는 탈락이구나' 싶었습니다. 그런데 오히려 제가 합격하고 경력자가 탈락했어요. 나중에 회사에 입사하고 난 뒤에 팀장님께 그때 경력자 대신 제가 뽑힌 이유가 뭐냐고 물었더니 "아. 얘기해 보니까 모든 일을 자신이 했다고 하더라고요. 그 정도 경력이면 그 업무 다 못해요. 뻔히 다 아는데 너무 뻥

**따악 보면
다 압니데이~**

튀겨서 얘기하길래… 아예 신입을 뽑기로 한 거예요." 하고 말씀하셨습니다.

　　이렇듯 면접관들은 해당 연차에 어느 정도까지 업무가 가능한지 대충 감이 옵니다. 그리고 질문에 답을 하다 보면 구체성이 떨어지거나 답변을 제대로 하지 못하는 부분이 생기는데, 이를 통해 실제 해당 업무를 얼마나 했는지도 파악할 수 있어요. 그러니 경력을 너무 과장하거나 확대하는 것은 절대 금물입니다!

요약과 정리를 잘하는 AI

　연차가 쌓이고 쌓일수록 이력서의 내용이 길어지기 마련입니다. 그런데 수십 수백 장을 검토해야 하는 면접관 입장에서는 너무 내용이 길어도 이력서가 눈에 잘 들어오지 않습니다. 이력서가 너무 길어졌다면 시간이 오래되었거나 임팩트가 적은 내용들은 과감하게 정리하고 굵직한 내용 위주로 수정하는 게 좋습니다. 하지만 작고 소중한 내 경력들을 지우기란 쉽지 않아요. 이럴 때는 차가운 심장의 AI의 도움을 받아봅시다.

　직접 작성한 이력서를 첨부하거나 입력하고 챗GPT에 이렇게 프롬프트를 입력해 보세요.

 첨부한 이력서를 최근 5년 내용으로 추려주고,
주요 경력 위주로 수정해 줘.

　이렇게 하면 챗GPT가 최근 경력 내용과 업무별 중요하고 영향력 있는 업무 위주로 강조해서 내용을 추려줍니다. 또, AI는 기존 내용을 변형하거나 요약, 정리를 잘하기 때문에 이렇게 활용해도 좋습니다.

> 첨부한 이력서 내용을 바탕으로 면접관을 후킹하는 자기소개 문장 5개 뽑아줘.

이력서 상단에 자신을 소개하는 한 문장이 들어가는 방식을 챗GPT에 요청하면 면접관의 호기심을 유발하는 문장 초안을 만들어볼 수 있습니다. 면접관의 시선을 끌었다면 내 이력서를 좀 더 꼼꼼하게 읽어볼 거예요.

또, 면접에 있어 중요한 건 '질의응답'입니다. 이력서 내용만으로는 해당 지원자가 기재한 업무를 실제로 했는지 확인이 안 되기 때문에 면접을 통해서 업무 내용을 낱낱이 파악하려 합니다. 자신이 한 업무여도 면접관 앞에서는 긴장 때문에 말이 술술 나오지 않는 경우도 많습니다. 그럴 때를 대비해서 사전 질문을 뽑아보고 답변을 정리하는 편이 좋습니다. 이렇게 활용해 보세요.

> 첨부한 이력서를 보고 면접관이 할 수 있는 질문 10개 해줘.

그러면 정말 면접관이 할 법한 질문들을 챗GPT가 추려준답니다. AI를 활용해서 이력서 내용을 수치화하고 정리하고 면접 질문에 답변까지, 꼼꼼하게 챙겨서 더욱 탄탄하게 경력서를 채워 보세요.

'좋은 사람을 찾습니다' 채용 공고 작성하기

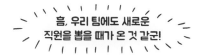

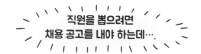

채용 공고는 알겠는데 JD는 뭔가요?

JD는 'Job Description'으로 '직무 기술서'예요.
구직자에게 직무에 대한 정보를 제공하고 회사가 원하는
인재상을 제시하는 내용으로 써주면 됩니다.

함께 일하고 싶은 동료의 모습 그리기

일반적으로 채용 공고는 인사팀에서 올려주지만, 공고문에 들어가는 JD는 채용을 신청한 부서에서 작성해야 합니다. 어떤 업무를 하는지, 어떤 자격요건이 있어야 하는지, 우리 팀 내에서 어떤 역할이 필요한지는 채용을 원하는 팀에서 가장 잘 알고 있기 때문입니다.

회사에 다니면서 힘든 일이 하나도 없을 수는 없습니다. 일로 힘든 부분은 자신이 조금 더 시간을 투입하거나 노력하면 메꿀 수 있는데, 사람으로 힘든 일은 정말 개선되기 어렵기에 더 힘듭니다. 기존에 잘 만들어둔 팀 문화가 한 사람으로 인해서 깨질 수도 있어 우리 팀에 적합한 사람을 뽑는 일은 매우 중요합니다. 새로운 사람이 올 때는 회사나 팀의 문화와 함께 일할 때 더 시너지가 날 수 있는 사람이 들어와야 합니다. 좋은 사람들이 모이면 어떤 일이든 좋은 방향으로 이끌어갈 수 있습니다. 그래서 모든 회사에서 채용이 가장 중요해요.

처음 회사에서는 제가 직접 JD를 쓰지는 않고 팀장님이 작성하셨습니다. 팀장님이 작성하신 초안을 보면서 우리 팀에 어떤 분이 오면 좋을까 한참을 얘기했던 기억이 납니다. 당시에는 경력직 채용이 필요해서 어떤 경험이 있으면 좋겠다던가 이런 툴을 사용할 줄 알아야 한다던가, 데이터 분석에 대한 이해도가 있어야 한다던가 등의 얘기들을 했었습니다. 물론 일을 대하는 태도나 문제 해결력 같은 부분도 빠질 수 없습니다. 채용하고 싶은 분의 기준을 정할 때는 '함께 일하고 싶은 동료의 모습'을 상상하면서 정리하면 좋습니다.

그동안 함께 일했던 동료 중에 '이 사람하고는 정말 잘 맞았지. 또 같이 일하고 싶다' 하고 생각하는 사람이 있다면, 그 동료의 모습을 통해 JD를 작성해 보기 바랍니다.

직무별 하는 일과 자격 요건

같이 일하고 싶은 동료의 모습이 바로 떠오르지 않는다면, 지금 하는 일들을 생각하면서 정리해 보세요. 직무별 주요 업무를 정리할 때는 이렇게 프롬프트를 활용할 수 있습니다.

> 서비스 기획자가 하는 업무와 자격 요건을 알려줘.

그러면 챗GPT가 이렇게 업무를 정리해 줍니다.

> 서비스 기획자의 주요 업무와 일반적인 자격 요건은 다음과 같습니다:
> **업무:**
> 1. 신규 서비스 기획 및 기존 서비스 개선
> 2. 사용자 경험(UX) 설계 및 최적화
> 3. 시장 조사 및 경쟁사 분석
> 4. 사용자 요구사항 분석 및 반영
> 5. 서비스 로드맵 수립

6. 프로덕트 매니저, 디자이너, 개발자와의 협업

7. 데이터 분석을 통한 인사이트 도출

8. 기획 문서 및 와이어프레임 작성

자격 요건:

1. 관련 분야 학사 학위 (컴퓨터 과학, 경영학, 디자인 등)

2. 2–3년 이상의 서비스 기획 경험

3. 웹/모바일 서비스에 대한 이해

4. 우수한 분석적 사고력과 문제 해결 능력

5. 뛰어난 커뮤니케이션 및 프레젠테이션 스킬

6. 프로토타이핑 도구 사용 능력 (예: Figma, Sketch)

7. 기본적인 데이터 분석 능력

8. 프로젝트 관리 능력

이러한 업무와 자격 요건은 회사나 산업에 따라 다소 차이가 있을 수 있습니다.

생각보다 업무에 대해 잘 파악하고 알려줍니다. 그리고 채용 공고에는 고용 형태나 복리후생, 회사 소개, 지원 방법, 접수 기간, 진행 절차 등의 내용도 포함되어야 합니다. 이 부분은 인사팀에서 공통으로 적어주는 경우가 많지만, 만약 자신이 인사 담당자라면 관련 내용도 같이 적어 줘야 합니다. 채용 공고 전체를 작성할 때도 챗GPT에 이렇게 프롬프트를 입력해 보세요.

> 회사 소개부터 직무까지 포함해서 3년 차 디자이너를 채용하는 공고문 초안을 작성해 줘.

위의 프롬프트에는 구체적인 회사 설명이나 내용이 포함되지 않아서 챗GPT가 가상의 회사를 설정해서 초안을 작성해 줍니다. 조금 더 구체적인 회사 설명이 있다면, 회사 상황에 맞는 내용으로 변경해 주니 위 프롬프트를 참고해 원하는 내용으로 변경해서 활용해 보세요.

인사 담당자라면 회사 소개 영역이나 복리후생, 진행 절차, 지원 방법은 고정 영역이니 한번 만들어둔 내용을 서식화해두면 두고두고 쓸 수 있습니다. 만들어둔 템플릿을 첨부하면서 **'이 템플릿 내용을 참고해서 신입 인사 담당자 채용 공고문을 작성해 줘'**라고 요청할 수 있습니다. 이렇게 하면 회사에 적합한 내용으로 정확한 답변을 얻을 수 있습니다. 인사 담당자처럼 채용 공고를 써야 한다면 이렇게 프롬프트를 활용해 보세요.

아래 메모를 바탕으로 채용 공고를 작성해 줘.
각 섹션은 다음 지침을 따라 markdown code로 작성해야 해:

1. **[지원 자격]:**
2. **[우대사항]:**
   – 각 우대사항이 업무에 어떻게 도움이 되는지 간략히 설명해줘.
3. **[근무 환경 및 조건]:**
   – 필요한 기술 및 도구를 카테고리별로 정리하여 나열해줘.
4. **[꼭 읽어 주세요!]:**
   – 유의사항을 강조하여 작성해 줘.
   – 간결하고 명확한 문장으로 작성해 줘.

전체적으로 공식적이고 전문적인 어조를 유지하면서, 지원자들이 쉽게 이해할 수 있도록 명확하게 작성해야 해.

메모: 브랜드 마케터

**채용 공고를 자주 내야 하는 시기에,
기존 서식이 있다면 정말 편해요!**

이런 프롬프트를 이용하면 정말 그럴싸한 결과가 나옵니다. 어느 회사에서 본 것 같은 채용공고문을 확인하실 수 있을 거예요. 채용공고문을 써 본 적 없더라도 AI의 도움을 받으면 이렇게 쉽게 초안을 작성할 수 있습니다.

무엇보다 사람이 가장 중요

회사의 문화를 만들어가는 건 '사람'입니다. 아무리 좋은 전략이나 기술이 있더라도 이를 실행에 옮기고 함께 만들어 나가는 것은 사람이 하는 영역이에요. 긍정적이고 협력적인 사람들이 모이면 자연스럽게 그게 문화가 됩니다. 좋은 사람들이 모이면 팀의 일하는 방식도, 기업 문화도 자연스럽게 좋아집니다.

경영서의 고전으로 알려진《좋은 기업을 넘어 위대한 기업으로 Good to Great》(짐 콜린스, 김영사)에서도 채용이 가장 중요하다고 언급합니다. 올바른 사람들이 모이면, 그들이 올바른 방향으로 간다고 했어요. 지금 당장 후임이 급해서, 인력이 모자라서 아무나 채용하지 마세요. 나름의 기준을 세우고 같이 즐겁게 일하고 성장할 수 있는 사람을 채용하며, 기준을 낮추지 않도록 합니다. 마음이 맞지 않는 사람들과 올바른 방향을 찾는 것보다 올바른 사람들과 함께 시작하는 게 더 확실합니다.

AI의 도움을 받아 작성한 채용 공고는 기본적인 포맷이나 내용을 참고하기에 좋지만, 그 안에 영혼을 담고 가치를 담는 일은 우리 자신의 몫입니다. 단순히 스펙이나 경력만으로 판단할 수 없는, 함께 일하고 싶은 동료의 모습을 더해서 채용 공고를 완성해 보세요.

믿고 맡기는 인수인계 문서 쓰기

부서가 바뀌거나 휴가를 갈 때, 후임이 오거나
이직하는 등 제 일을 다른 사람이 해야 할 때가 있어요.
의외로 인수인계서가 종종 필요해요!

인수인계서는 나를 위해서도, 다른 사람을 위해서도,
회사를 위해서도 꼼꼼하게 작성해야 해요. 가끔 나 몰라라
인수인계서를 대충 쓰고는 퇴사하는 직원들도 있는데 그러면
그다음 직원이 정말 고생한답니다! 한 번에 몰아서 쓰면
놓치는 부분이 생길 수도 있으니 틈이 날 때 미리미리 써 둡시다.

모두를 위한 '업무 가이드' 쓰기

이번 장의 주제는 '인수인계서'이지만, 사실은 업무 가이드에 가까운 내용
입니다. 업무 가이드란 업무 프로세스와 수행 방법을 써둔 지침서로, 매뉴
얼이라고도 해요. 업무 가이드는 한번 잘 써두면 자기 업무에 일관성을 유
지할 수 있어서 좋고, 혹시라도 자리를 비우거나 후임자가 왔을 때 업무 인
계를 하는 용으로 사용할 수 있습니다.

예전에 제가 맡은 업무는 사용자들에게 문자로 안내하
는 일이었습니다. 그런데 문자 발송 시스템 주소는
무엇인지, 발송 시스템의 권한 획득 방법과 툴 사용
법, 문자 비용 처리까지 하나도 아는 게 없어서 이 사
람 저 사람에게 물어가며 문자를 보냈습니다. 게다가 문
자 발송에 실패하기도 해서 실패 원인별로 재발송 처리도
해야 했습니다. 문자 발송에 대한 데이터와 결과 보고서까

**문자 한 통
보내는 데 생각보다
할 일이 많잖아!**

지 쓰고, 문자 발송에 대한 비용 정산도 해야 했지요. 사용자는 쓱 보고 지나치는 문자이지만, 그 문자 한 통 뒤에는 온갖 잡무들이 가득했습니다.

고맙다, 과거의 나여!!

당시에 너무 고생해서 겨우겨우 문자 발송을 했기 때문에 다음에 문자 발송을 하는 직원이 있다면 참고할 수 있도록 문자 발송에 대한 업무를 정리해 두었습니다. 누군가가 '문자 발송 어떻게 해요?'라고 물으면 제가 만들어둔 가이드를 건네며 '여기 보시면 됩니다!' 하고 공유할 수 있었어요. 또, 휴가를 가거나 자리를 비울 때 팀원분들이 미리 써둔 가이드 문서를 보고 제 업무를 대신 해주기도 했습니다.

문자 발송 업무는 저의 메인 업무가 아니라서 잊을 만하면 해야 했습니다. 그럴 때도 과거에 써두었던 가이드 내용을 보면서 '아, 맞다. 이렇게 했었지!' 하고 기억을 상기할 수 있어 굉장히 편했습니다.

이렇게 업무 가이드를 만들다 보면 스스로 업무 정리도 된다는 장점이 있습니다. 업무 가이드는 내가 회사를 떠났을 때, 자리를 비웠을 때 활용되기도 하지만, 결국에는 자신을 위한 문서이기도 했습니다. 일을 체계적으로 할 수 있게 만드는 좋은 도구이며, 누가 와도 업무가 끊이지 않고 지속할 수 있도록 돕는 업무 가이드를 지금 당장 써 봅시다!

퇴사할 때 인수인계 잘하고 가는지 볼 거야~!

업무 가이드의 효율적인 작성법

업무 가이드의 초안과 목차를 AI에 맡겨 봅시다. 무에서 유를 만드는 건 어렵지만, 어느 정도 얼개가 짜여 있으면 그 안에서 수정하는 편이 훨씬 쉬워요. 이렇게 프롬프트를 작성해 보세요.

> 회계 담당자의 업무 매뉴얼을 작성하려고 해. 초안을 작성해 줘.

챗GPT나 클로드를 활용해 보았는데 둘 다 답변
이 비슷하게 잘 나왔습니다. '회계 담당자' 부분에
직무를 넣어 변경해 볼 수 있습니다. 경험상 '업무
가이드', '업무 매뉴얼' 어떤 용어를 써도 되지만, '업무 매
뉴얼'이라고 했을 때 조금 더 상세한 결과가 나옵니다.

**AI가 잘 알아듣는
단어를 쓰는 것도
방법이에요!**

회사마다 사용하는 용어부터 프로그램, 권한 신청 절차,
함께 일하는 부서, 담당자 정보가 모두 다르기에 업무 가이드를 쓰려면 손
이 많이 갑니다. 모든 내용을 AI에 작성하라고 할 수는 없지만, 여러 번의
대화를 통해 조금 더 상세한 내용을 만들어낼 수는 있습니다. AI는 대화의
맥락을 이해합니다. 연속적으로 대화하는 것도 가능해요. 이전에 대화를
기억하고 있기에 이전 답변에 이어서 가이드 내용을 구체화할 수 있습니다.
위의 프롬프트로 작성한 내용 중 다음처럼 조금 더 자세히 작성해 달라고
요청해 보세요.

> 위 내용에서 '연간 업무' 부분만 조금 더 자세하게 작성해 줘.

그러면 AI가 해당 부분을 조금 더 자세하게 작성해 줍니다. 이런 식으로
부분적으로 도움을 받아서 가이드 작성 시간을 줄여볼 수 있습니다. 또는
이미 작성된 내용에 대한 검토도 가능해요. 요즘 AI들은 텍스트뿐만 아니
라 사진, 파일 형식도 잘 파악합니다. 그래서 우리가 직접 작성한 업무 가이
드 파일을 첨부해서 AI에 보강하게 하는 것도 가능합니다. 이미 작성된 파
일을 첨부하면서 이렇게 프롬프트를 입력해 보세요.

이 문서는 회계 담당자를 위한 업무 매뉴얼이야.
이 문서를 후임에게 전달했을 때 나올 수 있는 질문을 알려줘.

그러면 AI가 해당 파일을 확인해서 질문을 추려줍니다. 질문들을 보면서 매뉴얼의 부족한 점을 채워가거나 가이드에 대한 FAQ 섹션을 추가할 수 있습니다.

잘 만들어진 문서 하나로 마음이 든든

업무 가이드 하나만 잘 만들어두면 휴가를 가거나 팀 이동 및 퇴사할 때도 마음이 편하답니다. 또 잘 만들어진 가이드는 두고두고 잘 쓰이기 마련이에요. 퇴사한 지 5년이 지났는데도 아직도 제가 써둔 가이드 문서를 보고 있다는 얘기를 들을 때면 무척 뿌듯하기도 합니다.

업무 가이드는 일하는 중에도, 일하지 않는 중에도 힘을 발휘합니다. 이렇게 만들어둔 문서 자체가 인수인계서가 될 수 있어요. 물론, 인수인계서에는 현재 진행하고 있는 업무들에 대한 내용이 더 추가되어야겠지만, 이 부분은 주간 업무 보고서를 통해 쉽게 보충할 수 있습니다.

업무 가이드와 주간 업무 보고서를 통합해서 내용을 정리하면 그게 인수인계서예요. 이 부분도 AI에 두 가지 문서를 첨부한 후, **'두 가지 문서를 참고해서 업무 인수인계서 작성해 줘'**라고 요청할 수 있습니다.

내 마음도, 동료의 마음도 편안해지는 업무 가이드, 꼭 만들어두세요.

신규 사원의 소프트 랜딩을 위한 온보딩 문서

신규 입사자를 위한 온보딩 가이드, 꼭 있어야겠어요!
제 업무도 바쁜데 하나하나 설명하려니 너무
비효율적이기도 하고 생각보다 시간이 많이 걸리네요.

신규 사원이 새로운 회사에 잘 적응할 수 있도록
업무 프로세스와 도구, 정책, 조직 구조 등을 문서로
먼저 알려주면 서로 훨씬 편하답니다!

Welcome, on board!

처음 회사에 입사했던 날을 기억하나요? 업무 노트북을 받고, 인트라넷에 접속해 보고 자신이 속한 부서에 가서 인사를 하고, 그다음에 보통은 사수가 있어서 온보딩 교육을 해준답니다(가끔은 아무도 알려주지 않는 회사도 있습니다). 이럴 때 관련 문서가 있다면 편하겠지만, 대부분 회사에 온보딩 문서가 없는 경우가 많습니다. 혹은 문서는 있어도 조각조각 나뉘어 있어서 한 번에 보기 어렵거나 오랫동안 업데이트되지 않아 현행화된 내용을 찾기 힘들게 되어 있어요. 새로운 회사의 문화, 사용하는 툴과 시스템, 조직 구조, 복리후생 등 파악해야 하는 게 무척 많은데 이런 내용이 정리되지 않아서 매번 업무를 할 때마다 헤매고 담당자를 찾느라 시간을 낭비합니다.

이런 경험을 몇 번 해보고 난 뒤에 이런 생각이 들었습니다. '나의 다음으로 오는 동료는 나 같은 고생을 하지 않도록 온보딩 문서를 정리해 둬야겠다!' 하고요. 온보딩On boarding이라는 단어는 비행기에 탑승했을 때 'Welcome on board….' 하고 승무원분들이 안내하는 방송에 등장합니다. 마치 비행기 탑승을 환영하고 안내를 해주는 것처럼 새로운 직원이 새 회사에 탑승한 걸 환영하면서 잘 적응할 수 있도록 정리한 문서가 '온보딩 문서'입니다.

앞에 나온 업무 가이드는 우리가 담당하는 업무 내용을 세세하게 적어두고 일할 수 있게 만드는 문서였다면, 온보딩 문서는 꼭 업무적인 것이 아니더라도 회사와 관련된 생활 전반을 담은 문서라고 이해하면 됩니다. 회사에서 지급받은 노트북이 고장 났을 때 어떻게 해야 하는지, A4용지가 떨어졌을 때는 어디서 받아와야 하는지, 회사 보험비 청구는 어떻게 해야 하는지 같은 총무 업무나 우리 팀에서 정기적으로 어떤 회의가 있는지, 팀이나 회사의 업무 문화에 대한 내용을 담을 수도 있습니다.

인수인계 문서가 구체적인 업무 가이드였다면, 온보딩 가이드는 회사 시스템과 커뮤니케이션 등 문화나 업무 방식을 이해하는 데 도움이 되는 문서입니다.

회사 생활이 꼭 업무만 해당하지는 않잖아요. 회사 일을 하다 보면 이런 세세한 것들을 챙기느라 시간을 뺏기는 경우가 많습니다. 또 선배님들의 눈치가 보여 마구 질문하기도 힘들어요. 반면에 사수나 주변 동료들도 반복되는 신입 직원의 질문에 지쳐갈 수 있지요.

안 그래도 파악할 게 많아 정신없는 신규 입사자가 정말 일에만 집중할 수 있도록, 빠르게 새로운 환경에 랜딩할 수 있도록 온보딩 문서를 만들어두고 도와주세요.

온보딩 문서에 담을 내용

온보딩 문서에는 회사의 문화, 업무 방식, 업무할 때 필요한 도구, 팀원, 주요 관계자, 주요 정책이나 시스템에 대한 전반적인 내용을 담습니다. 회사에 익숙해져서 너무나 당연하게 느껴지는 것들이 신규 입사자에게는 낯설 수 있으니 사소한 내용도 담아주는 것이 좋습니다.

예를 들어, 출근 정책과 관련해서 작성한다고 해봅시다. 많은 회사가 오전 9시에 출근해서 오후 6시에 퇴근하는 정책을 갖고 있는데, 어느 회사는 오전 10시에 출근해서 오후 7시에 퇴근하는 회사도 있습니다. 또, 유연근무제라서 전날 미리 출근할 시간을 정하면 언제든지 출근해도 되는 회사도 있습니다. 반면에 유연근무제이지만 코어타임이 정해져 있어서 오전 11시에서 오후 4시 사이에는 출근해야 하는 회사도 있지요. 팀별로 출근 시간을 맞춰서 오는 경우도 있고요. 이렇게 회사마다 출근 정책이 다를 수 있으니, 이런 내용도 적어주면 좋습니다.

　기본적인 출근이나 복장, 복리후생, 직무 교육 같은 부분은 인사팀에서 가이드를 따로 작성해두는 편이니 팀 온보딩 문서에는 필요하지 않을 때도 있습니다만, 만약 별도 가이드가 없다면 세세히 작성해 챙겨 주세요.

　팀 온보딩 문서를 작성할 때는 팀 내에서 정해진 그라운드 룰이나 주요 시스템, 협업 도구, 함께 협업하는 동료들에 대한 정보, 위클리 쓰는 날과 템플릿, 그리고 주요 채팅방에 대한 내용도 포함하면 좋습니다. 온보딩 문서는 새로운 동료가 새로운 업무 환경에 잘 녹아들게 만드는 것이 목표이니 데이터는 어디서 보는지, 데이터 툴에서 확인하기 어려운 내용들은 누구에게 어떻게 요청해야 하는지 등의 사항들을 자세히 정리해둡니다.

온보딩 가이드 목차 짜기

　필요한 항목들을 기억나는 대로 줄줄 적으면 좋으련만, 이미 회사에 동화되어 버렸다면, 신규 입사자의 마음으로 온보딩 문서를 작성하는 게 어려울 수 있습니다. 온보딩 가이드에 대한 목차를 짤 때 AI의 도움을 받아봅시다. 챗GPT에 이렇게 요청해 보세요.

신규 입사자가 업무에 바로 투입될 수 있도록 온보딩 가이드를 작성할 거야. 주요 업무와 팀 문화 등에 대해 안내하는 내용으로 온보딩 가이드 목차를 작성해 줘.

자, 여기 온보딩 문서를 보고 참고하세요!

AI는 새로운 답을 생성해 내기 때문에 위 내용과 목차가 다를 수도 있습니다만, 대체로 비슷한 형태의 답변을 주니 참고하기 좋습니다.

이렇게 목차만 잘 짜여 있어도 목차 내용에 맞춰 자신이 알고 있는 내용들로 채워 나갈 수 있습니다. 잘 정리한 문서를 신규 입사자가 왔을 때 짠! 하고 보여주세요. 신규 입사자가 온보딩 문서를 보고 '이 회사는 매우 체계적이구나!' 하고 느낄 거예요. 설령 회사에 체계가 없더라도 우리가 체계를 만들어 갈 수 있습니다. 나의 다음 세대부터는 조금 더 빠르게 업무할 수 있도록 우리가 환경을 만들어봐요.

우와~ 멋쪄! 나 좋은 회사에 취직한 거 같아!

'그동안 감사했습니다' 마무리 인사하기

지금까지 함께 일한 분들에게
퇴사 인사 메일을 쓸까요, 말까요?

할지 말지 고민이 된다면 하는 쪽에 한 표요!
단, 업무 진행자가 자주 바뀐다는 인상을 줄 수 있으니,
외부 업체에 퇴사 메일을 쓰기보다는
내부 직원들에게 쓰는 게 좋겠습니다!

넷플릭스의 독특한 퇴사 문화

넷플릭스에는 독특한 퇴사 문화가 있다고 합니다. 퇴사하는 직원이 동료들에게 회사를 떠나는 이유와 경험을 공유하는 메일을 보냅니다. 이를 '부검 postmortem 메일'이라고 해요. 죽은 사람을 부검하듯, 이 부검 메일에는 퇴사하는 이유와 회사에 다니며 배운 것, 아쉬운 점, 향후 계획을 적은 후 함께 일했던 동료들에게 발송한다고 합니다.

'넷플릭스 같은 회사에서나 하는 문화겠지!' 하고 생각했는데, 최근 저도 이런 부검 메일을 몇 번 받은 적이 있습니다. 일단 한번 받아 보니 남는 사람 입장에서는 정말 좋았습니다.

쳇, 이렇게까지
한다면… 뭐,
잘가라!

일반적으로 함께 일하는 동료가 퇴사하면 심적으로 많이 아쉽지만 축하하는 마음으로 보내는 경우가 많은데, 떠나는 동료가 왜 퇴사하는지, 회사에서 무엇을 배우고 앞으로 무엇을 목표하는지 상세히 적어둔 메일을 보니 진심으로 그 동료의 앞날을 축하하게 되더라고요.

옆자리 동료가 퇴사한다고 하면, '나만 이렇게 멈춰 있나? 너무 발전이 없는 건가?' 하고 싱숭생숭한 마음이 들기도 합니다. 그럴 때 명확하게 떠나는 이유를 알게 되면 남아 있는 나를 생각하기보다 떠나는 분의 입장에서 응원하게 됩니다. 허전함이나 아쉬움보다는 동료의 퇴사를 인정하고 받아들이는 데 집중할 수 있습니다. 소리 소문 없이 사라지는 동료분들도 계시지만, 역시 부검 메일을 보내준 동료분들이 더 기억에 오래 남았습니다.

꼭 부검 메일이 아니더라도 감사한 마음을 표하거나 이직이나 퇴사를 알리는 때도 있고, '저와 친목을 유지하고 싶다면 제 번호를 저장해 주세요' 하고 메일을 주신 분도 계셨습니다. 저도 몇 번의 퇴사를 거쳤는데, 한 번은 주변에 알리지 않고 퇴사를 했더니 서운했다는 피드백을 들은 적이 있습니다. 좋은 관계였는데 퇴사를 알려주지 않아 소원해지기도 했으니, 역시 마무리 매듭을 지으려면 남은 직원분들께 감사한 마음을 전하고 이동을 알리는 편이 좋다고 생각합니다.

성숙한 어른의 퇴사 사유

부검 메일에는 보통 퇴사 사유와 회사에 다니면서 아쉬웠던 부분을 기재하기도 합니다. 단, 이 부분을 작성할 때는 주의할 점이 있습니다.

'케빈 베이컨 게임'이라는 말이 있어요. 할리우드 배우인 케빈 베이컨Kevin Bacon은 자신을 기준으로 지구상의 모든 사람이 6단계 이내에서 연결될 수 있다는 '케빈 베이컨 6단계 법칙'으로 유명합니다. '케빈 베이컨 6단계 법칙'을 바탕으로 영화 업계에서 케빈 베이컨을 중심으로 몇 단계를 거치면 아는 사이인지 계산해 보는 게임이 바로 '케빈 베이컨 게임'입니다. 모든 사람이 몇 단계만 거치면 알 수 있다니, 흥미로운 이론입니다. 이 법칙이 사실인지 여부를 떠나서 우리가 알아야 할 포인트는 바로, 우리가 생각하는 것보다 훨씬 업계가 좁다는 것입니다. 한 다리만 건너면 모든 사람을 물어물어 알 수 있지요. 저도 이직을 몇 번이고 해봤는데 생각보다 전 직장에서 오신 분들이나, 지인분들이 꽤 많았습니다.

이 부분이 바로 퇴사 사유와 회사에 다니면서 아쉬웠던 부분을 적을 때 주의해야 하는 포인트입니다. 퇴사해야겠다고 생각하는 데는 여러 가지 이유가 있겠지만, 보통은 재직 중인 회사에 대한 불만이 가장 클 때입니다. 그렇지만 이렇게 불만인 점을 너무 솔직하게 적었다가는 지인의 지인을 통해서 안 좋은 인식이 생겨 버릴 수 있습니다. 어쨌든 다른 동료들은 내일도 출근해야 하는 회사니까요. 그래서 퇴사 사유는 언제나 '개인의 성장, 새로운 도전'의 범위에서 적어주는 게 좋습니다. 도저히 그렇게는 못 쓰겠다고 생각한다면, 모든 직장인에게 통하는 '개인적인 사정'이라고 모호하게 적는 것도 방법입니다.

현 직장의 아쉬운 점 또한 애정을 바탕으로 나오는 아쉬운 점이어야 합니다. 이런 부분이 아쉬웠기 때문에 더 발전했으면 좋겠다는 내용이어야 해요. 그리고 회사에 아쉬운 점보다는 '자신'에 포커스를 두어야 합니다. 예를 들면, '조금 더 적극적으로 아이디어를 내고 의견을 낼 걸', '같은 직군끼리 더 자주 교류하고 소통하지 못해서 아쉽다' 정도로 적어주는 것이 좋습니다. 숨은 속뜻은 '경직된 분위기로 자유롭게 의견을 내지 못했다', '회사 차원에서 직군별 성장 프로그램이나 교육이 없어 아쉽다'일지도 모르겠지만, 겉으로는 적당히 포장해서 표현하는 게 성숙한 어른과 직장인의 모습입니다. 만약 이런 톤으로 작성하기 어렵다면, 이 부분은 과감하게 삭제해도 좋습니다.

세상이
무척 좋아요!

꼭 특별한 부검 메일 양식을 따르지 않아도, 남아 계신 분들에게 함께 일해서 감사했고, 많이 배우고 간다는 마음만 전달해도 좋습니다. 우리는 사회에서 많은 사람을 만납니다. 꼭 업무적인 성과가 아니더라도 함께 어울리며 일하는 방식, 협업하는 법, 소통하는 법 등 여러 부분을 보고 배웁니다. 그런 부분에 대해서 나의 지난 시간을 함께 해주고 채워준 부분에 감사한 마음만 남기고 떠납시다.

퇴사의 이유는 솔직하게!

가끔 퇴사할 때 다른 회사에 간다는 말을 상사나 대표에게 전하기 어려워 이런저런 핑계를 대는 때가 있습니다. 주로 '몸이 아파서', '부모님을 돌봐 드려야 해서', '정신적인 피로도가 커서' 등 일신상의 이유가 많습니다. 물론 어느 정도 영향이 있어도 그 이유가 전부가 아닌 이상 솔직하게 이유를 밝히는 게 좋습니다. '새로운 환경에서 일해보고 싶어서', '경력 발전을 위해 도전을 해보고 싶어서', '더 잘 기여할 수 있는 분야를 찾아보고 싶어서' 등 자세하고 이해될 만한 이유를 말해주는 것이 좋아요.

회사에 있는 윗분들은 다 신입부터 오래도록 직장생활을 해 오신 분들입니다. 아무리 다른 이유로 포장해도 속이 훤히 들여다보이는 경우가 많습니다. 그럴 때는 차라리 솔직하게 퇴사 이유를 밝히고 꼼꼼하게 인수인계를 한 후 나간다면, 많은 회사 동료 및 상사들이 멋지게 앞날을 응원해 줄 거예요.

솔직하지만 어른스러운 포장을 더해서!

감정을 덜어내는 부검 메일 초안 작성

지금 재직 중인 회사에 불만이 있더라도 마지막 순간만큼은 감정을 덜어 내고 좋았던 기억만으로 초안을 작성해 봅시다. 인간인 우리는 글을 쓸 때 너무 많은 감정을 담을 수 있어요. 조금 차분한 톤으로 퇴사 인사 메일 초 안을 쓰려면, 물론 AI의 도움을 받으면 좋겠지요?

저는 클로드를 활용해서 이렇게 프롬프트를 입력해 보았습니다.

> 퇴사 감사 인사 메일 샘플 작성해 줘.

클로드에 이렇게만 입력해도 기본적인 내용으로 퇴사 인사 메일 초안을 작성해 줍니다.

넷플릭스의 부검 메일처럼 써 보고 싶다면 이렇게 보충할 수 있습니다.

> 위 내용에서 퇴사 사유와 회사를 다니면서 배운 점, 향후 계획도 적어서 다시 작성해 줘.

만약 적당한 퇴사 사유나 현 직장에서 아쉬운 점에 대해서 표현해 보려면 이런 프롬프트를 사용해 보세요.

> 퇴사 사유를 어떻게 적는 게 좋을까? 10가지 사유와 샘플을 적어줘.

이런 식으로 프롬프트를 입력하면 AI가 적절한 예시를 적어줍니다. AI도 일반적인 질문에는 사람들이 자주 사용하는 말투와 사유로 일반적으로 답 변합니다. 극단적인 프롬프트가 아니라면 보편적인 말투로 작성해주니 AI 의 답변을 참고해서 자신의 상황에 맞게 변경해서 사용해 보세요.

참고로, '넷플릭스의 부검 메일처럼 퇴사 메일 써줘'라고 하면 개조식으로 써주기 때문에 감성적인 퇴사 메일에는 적합하지 않습니다. 이런 경우에는 '**개조식이 아닌 줄글로 감정을 담아 다시 작성해 줘**'라고 요청하면 조금 더 사람다운 답변을 줍니다.

마지막 순간까지 좋은 인상을 남기고 가볍고 산뜻한 기분으로 새롭게 시작하세요. 여러분을 좋게 기억하는 동료들이 앞날을 응원해 줄 거예요.

당신의 밝고 찬란한 앞날을 저희도 응원할게요!

와, 드디어 퇴근입니다.
책 한 장은 AI와 함께 열심히
일한 '나'를 위해, 또 한 장은
내일의 낭만 있는 퇴근을 위해!

여기까지 오신 여러분!
고생하셨습니다! 여러분의 칼퇴
여정에 함께할 수 있어
영광이었습니다!

'팀장님 사용 설명서'가 있으면 좋겠어!

오랜 기간 회사에 근무하며 여러 팀에 속해 일해봤습니다. 제가 속했던 팀마다 분위기나 일하는 방식이 달랐는데, 팀의 일하는 문화는 리더의 영향이 가장 큰 것 같습니다.

팀장이 선호하는 일의 방식에 따라 팀의 분위기가 결정되었습니다. 팀의 방향성과 비전을 잘 제시해 주던 팀장님, 같은 직무라서 실무를 잘 코칭해주던 팀장님, 업무뿐만 아니라 삶의 전반적인 부분에 대한 의견을 주시던 팀장님, 모든 팀원의 의견을 듣고 의사결정에 참여하게 하는 팀장님, 명확하게 지시하고 깔끔하게 말하는 스타일의 팀장님 등 팀장님의 성향에 따라 팀의 분위기가 만들어지곤 했습니다.

그래서 새로운 팀에 들어갔을 때 제일 먼저 팀장님의 스타일을 파악하는 게 상당히 중요합니다. 그리고 만약 팀장님이 어떻게 일하는 걸 선호하는지 알려주는 사람이 있다면 훨씬 좋겠다고 생각했어요. 마치 '팀장님 사용 설명서'가 있다면 설명서를 보면서 조금 더 편한 마음으로 팀장님에게 다가갈 수 있을 것 같았습니다.

여기서 '팀장님 사용 설명서'는 팀장님의 뒷담화를 말하는 게 아닌 정말 업무적으로 어떤 방식일 때 합이 잘 맞을 수 있는지 알려주는 문서입니다. 우리의 후임들이 팀장님과 잘 지낼 수 있도록 돕고 싶다면, 이런 정리를 해보는 것도 좋겠습니다.

팀장님을 생각하면서 다음 체크리스트를 작성해 보세요.

팀장님 체크리스트

항목	선택지 1	선택지 2	선택지 3	선택지 4
팀장님 업무 스타일				
선호하는 의사소통 방식	[ ] 대면	[ ] 전화	[ ] 이메일	[ ] 메신저
의사결정하는 방식	[ ] 데이터 기반	[ ] 팀원과의 토론	[ ] 직관적 판단	[ ] 상급자의 지침
리더십 스타일	[ ] 코칭형	[ ] 성과 중심형	[ ] 자유 방임형	[ ] 명령 지시형
팀장님 업무 우선순위				
가장 중요하게 생각하는 것	[ ] 팀 목표 달성	[ ] 개인의 성장	[ ] 프로세스 개선	[ ] 고객 만족
시간 관리 방식	[ ] 계획적	[ ] 유연적	[ ] 즉흥적	[ ] 규칙적
목표를 달성하는 선호 방식	[ ] 세부 계획 수립	[ ] 역할 분담 명확화	[ ] 리소스 최적화	[ ] 주기적 검토 및 조정
팀원과의 관계				
문제 해결 방식	[ ] 함께 논의 후 결정	[ ] 담당자 해결 지원	[ ] 직접 해결	[ ] 외부 전문가 조언 활용
성과 평가 방식	[ ] 정량적 지표	[ ] 팀원 피드백	[ ] 업무 태도와 참여도	[ ] 프로젝트 성공 여부
갈등 상황 행동강령	[ ] 중재자로서 해결	[ ] 팀원들에게 맡김	[ ] 원인 분석 후 해결책 제시	[ ] 관련자들 간 토론 주선

이런 체크리스트는 AI에 **"팀장님의 업무 스타일과 성향을 파악하기 위한 설문지를 작성해 줘"** 하고 요청해서 만든 결과물입니다.

그 외에도 팀장님이 선호하는 문서 작성 방식이나, 선호하는 커뮤니케이션 스타일에 대해서 알려주는 자료가 있다면, 팀장님과 팀의 분위기를 더 잘 이해하고 다가갈 수 있을 것입니다.

팀장님도 팀원도 모두 다른 생각을 가진 '사람'이기에 서로 마음에 100% 들을 수 없지만, 하나라도 나와 맞는 부분이 있으면 그에 기대어 관계를 이어 나갈 수 있습니다. 잘 맞지 않는 부분도 객관적으로 들여다보면 맞출 방법을 찾을 수 있어요. 이 체크리스트가 여러분의 회사 생활에 도움이 되면 좋겠습니다.

MZ 사원들
사용 설명서는 없나용?
나도 힘들어~.

다양한 AI 도구의 특징과 적용 상황

다양한 AI 도구의 장점과 활용법을 한눈에 비교해 보며, 실전 업무에 적극적으로 활용해 보세요.

상황	이름	툴 특징	웹사이트
다방면 글쓰기가 필요할 때	챗GPT (ChatGPT)	– 자연스러운 대화 생성 – 광범위한 지식 베이스 – 문맥 이해와 연속성 – 창의적인 대응	chatgpt.com
최신 정보 검색, 사실 확인이 필요할 때	퍼플렉시티 (Perplexity)	– 실시간 웹 검색 기반 답변 – 정확한 정보 제공 – 출처 인용	perplexity.ai
긴 문서를 요약하거나, 복잡한 개념을 풀어 써야 할 때	클로드 (Claude)	– 긴 문서 처리 능력 – 뛰어난 분석력 – 윤리적 고려사항 반영	claude.ai
상황에 맞춰 빠르게 도움이 필요할 때	뤼튼 (Wrtn)	– 한국어에 특화된 서비스 제공 – 실시간 정보 반영	wrtn.ai
한국어에 특화된 콘텐츠 생성이 필요할 때	클로바 X	네이버 서비스(쇼핑, 여행) 등과 연계, 한글문서(HWP) 파일 첨부를 지원함	clova-x. naver.com
프로그래밍을 도와줄 보조가 필요할 때	깃허브 코파일럿 (GitHub Copilot)	– GitHub에서 제공하는 코드 작성 보조 AI – 코드 자동 완성 – 프로그래밍 언어 지원 – 개발 환경과 통합	github.com/ features/copilot
고품질 이미지가 필요할 때	미드저니 (Midjourney)	– 예술적인 이미지, 독특한 시각적 스타일의 일러스트나 디자인 작업 가능 – 고품질의 결과물 – 유료	midjourney.com

다양한 스타일의 이미지가 필요할 때	달리 (DALL · E)	– 챗GPT에서 유료로 사용 가능 – 다양한 스타일 제작 가능	openai.com/ index/dall-e-3
저작권 문제 없는 이미지가 필요할 때	어도비 파이어플라이 (Adobe Firefly)	– Adobe 생태계 통합 – 전문적인 편집 도구 – 상업적 사용 안전 – 유료	firefly. adobe.com
무료 이미지 생성이 필요할 때	구글 이미지FX (Google ImageFX)	– 구글 AI 기술 활용 – 사용하기 편함 – 퀄리티가 뛰어남 – 무료	aitestkitchen. withgoogle.com/ tools/image-fx
프레젠테이션을 급하게 만들어야 할 때	감마 (Gamma)	– AI 기반 프레젠테이션 디자인 및 템플릿 제공 – 텍스트만 입력하면 PPT 생성 가능	gamma.app
음성 녹음, 텍스트 변환이 필요할 때	클로바노트 (clovanote)	– 모바일, PC 환경으로 음성 녹음 – 텍스트 변환 – AI 요약, 북마크, 하이라이트 가능 – 원활한 한국어 인식	clovanote. naver.com
음성 녹음, 텍스트 변환이 필요할 때 (PC 환경)	오터 (otter)	– 실시간 음성 – 텍스트 변환 – 다중 참여자 구분이 가능 – Zoom과 연동하여 회의 녹음 가능	otter.ai
이미지를 영상으로 변경해야 할 때	런웨이 (Runway)	– AI 기반 비디오 편집 도구 – 배경 제거, 객체 추적 등 고급 기능 제공 – 텍스트로 영상을 생성하는 것보다 기존 이미지를 영상으로 변경하는 편이 훨씬 품질이 좋음	runwayml.com
일정 관리, 문서 정리가 필요할 때	노션 (notion)	– 블록 기반으로 편집이 쉬움 – 데이터베이스, 이미지, 텍스트, 협업도 가능한 만능 메모장 – 자유도가 높아 처음 사용시 어려울 수 있음	notion.so

플로우차트를 그려야 할 때	이레이저 (eraser)	– 플로우차트, 마인드맵, 조직도 등 다양한 다이어그램 지원 – 직관적인 인터페이스를 제공 – 개념도를 그리거나 구조를 잡을 때 활용하기 좋음	eraser.io
온라인 화이트보드가 필요할 때	엑스칼리드로우 (excalidraw)	– 간단한 드로잉, 스케치가 가능 – 복잡한 개념을 시각화하기 좋음 – 다양한 플러그인을 사용하여 확장성이 높음	excalidraw.com
글의 내용을 도식화해야 할 때	냅킨 (napkin)	– 생각을 시각화하기 좋음 – 인터페이스가 간단함	napkin.ai

계속 업데이트되는 챗GPT 글쓰기 기능!

2024년 10월, 챗GPT에 '위드 캔버스 With Canvas' 기능이 추가되면서 글쓰기와 코딩을 더 효율적으로 할 수 있게 도와줍니다.

위드 캔버스 기능을 활용하면 글 일부를 수정하고, 스타일과 분량을 쉽게 조정할 수 있습니다. 또한, 이모지를 추가해 캐주얼한 스타일로 변환할 수도 있습니다.

수정 제안 기능이 추가되어 인공지능이 의견을 제시하면 〈apply〉 버튼을 눌러 바로 수정할 수 있고, 〈final polish〉 버튼으로 문법과 일관성을 점검할 수 있습니다.

자주 묻는 AI 관련 Q&A

Q 코딩을 몰라도 AI를 쓸 수 있나요?

A 물론입니다. 사람과 대화하듯 자연스럽게 AI에 질문할 수 있습니다. 복잡한 프롬프트 기술이 없더라도 간단한 것부터 시작해 보세요.

Q 원하는 결과를 얻기 위해 어떤 프롬프트를 사용해야 하나요?

A AI에 하는 질문은 명확하고 구체적이어야 합니다. 프롬프트 속에 필요한 세부 사항을 포함하고, 기대하는 결과도 포함하세요. 예를 들어 "AI 활용법을 알려줘"보다는 "일상생활에서 AI를 활용하는 3가지 방법을 알려줘"처럼 구체적으로 요청하는 것이 더 좋은 결과가 나오는 편입니다.

Q 더 나은 결과를 제공하려면 얼마나 구체적으로 질문해야 하나요?

A 필요한 정보, 맥락, 원하는 형식 등을 명확히 제시하면 좋습니다. 예를 들어 "AI 기술의 트렌드는?" 하는 질문보다는 "2024년의 AI 기술 트렌드 중 3가지를 설명해 줘"가 더 구체적입니다.

Q 프롬프트를 입력할 때 반말과 존댓말 중 어떤 방식이 더 효과적일까요?

A 대부분 AI는 반말과 존댓말을 구분하지 않고, 언어의 형태보다는 질문의 명확성에 중점을 둡니다. 그러니 반말이든 존댓말이든 상관없이, 질문이 구체적이고 명확하면 좋은 결과를 얻을 수 있습니다. 이 책에서는 반말을 사용했습니다.

Q 모호한 질문을 해도 되나요?

A AI에 모호한 질문을 해도 괜찮지만, 원하는 답변이 나오지 않을 수 있습니다. 모호

한 질문에는 일반적이고 덜 구체적인 답변이 나오게 됩니다. 때로는 인공지능이 학습한 데이터를 기반으로 추론하여 자의적으로 답변할 수 있습니다.

◎ 여러 번 질문하는 것이 좋은가요? 처음부터 정확하게 한 번에 질문하는 것이 좋은가요?

Ⓐ 처음부터 가능한 한 구체적으로 질문하는 것이 가장 좋습니다. 그러나 복잡한 주제라면 질문을 여러 단계로 나눠 AI가 각 단계에서 답하도록 하면 더 효과적일 수 있습니다.

◎ 아주 긴 프롬프트를 작성해도 괜찮나요?

Ⓐ 프롬프트를 길게 작성해도 괜찮지만, 긴 프롬프트가 반드시 효과적이라고 할 수는 없습니다. 프롬프트가 너무 길어지면 AI가 중요한 정보를 놓칠 수도 있습니다. 중요한 핵심 정보를 위주로 프롬프트를 수정하는 것을 권장합니다. 프롬프트가 길어지면 중간 부분을 잊어 버리는 현상이 발생하기도 합니다.

◎ AI에 프롬프트로 화를 내면 좋은 결과가 나온다는데 정말인가요?

Ⓐ 꼭 그렇지는 않습니다. AI는 입력된 텍스트를 학습하고 분석해서 처리하는 것이므로 화를 낸다고 꼭 결과가 좋은 것은 아닙니다.

◎ AI가 자의식을 가지고 있나요?

Ⓐ 아닙니다. AI는 알고리즘과 데이터 기반으로 작동하는 도구일 뿐이에요.

◎ AI의 답변을 그대로 활용해도 되나요?

Ⓐ 최종 결정은 사람이 해야 합니다. AI는 학습 데이터를 바탕으로 추론하지만, 모든 상황을 완벽히 이해한 것은 아니기 때문에 AI의 답변을 참고만 해야 합니다. 본문에서 이야기했듯이 '환각 효과 hallucination'라는 현상으로 실제 존재하지 않는 정보를 만들어내기도 합니다. 이는 학습 데이터의 한계나 AI의 추론 과정에서 생기는 오류 때문입니다.

Ⓠ AI의 답변은 항상 중립적인가요?

Ⓐ 항상 그렇지는 않습니다. AI가 학습하는 데이터가 편향되어 있다면, AI의 답변도 편향적입니다. 인간이 언제나 중립을 지키지 못하듯, 인간의 데이터로 학습한 AI도 중립을 지키지 못할 수 있습니다.

Ⓠ AI가 자율적으로 발전해서 인간을 말살시키려고 하면 어쩌죠?

Ⓐ 영화에서처럼 AI가 자율적으로 발전해 인간을 위협할 수는 없습니다. AI는 인간이 지정한 작업을 수행하는 도구이므로 공상과학과는 달라요. 2024년 현재 전문가 대다수는 2060년 이전에 초 인간지능의 전 단계인 인공일반지능(AGI)이 나오리라고 전망하는 정도입니다.

Ⓠ AI는 어떤 분야에 활용할 수 있나요?

Ⓐ 반복적인 작업, 데이터 분석, 이메일 자동화, 문서 작업뿐만 아니라 이미지 생성, 영상 생성, 3D 생성하는 분야까지 다양한 분야에 접목할 수 있어요.

Ⓠ AI가 언젠가는 제 일을 대체할까요?

Ⓐ 사람만이 할 수 있는 일은 여전히 남아있습니다. AI는 도구일 뿐이에요. 인간을 돕기 위한 도구를 잘 활용해서 창의적이고 가치 있는 일을 만드는 것은 여러분의 몫입니다.

Ⓠ 인공지능에도 종류가 있나요?

Ⓐ 이 책에서는 주로 업무용 글쓰기에 도움이 되는 서비스를 소개했습니다. 이런 인공지능을 '거대언어모델 LLM, Large Language Model'이라고 합니다. 책에 등장한 챗 GPT 기반 GPT-4, GPT-4o, o1 및 클로드 기반 sonnet, opus, haiku 인공지능을 비롯해 여러 LLM 모델이 있습니다. 최근에는 누구나 사용할 수 있는 공개 오픈소스 모델 중 Llama-3.1이 공개되었는데, GPT-4o와 유사한 성능을 보일 정도로 많이 좋아졌습니다. 최근 언어모델이 발전하여 이제는 텍스트뿐만 아니라 이미지 등을 인식할 수 있습니다.

ⓠ AI도 '약한 유형'과 '강한 유형'이 있나요?

ⓐ 인공지능은 크게 약한 인공지능과 강한 인공지능 두 가지로 나눌 수 있습니다. 약한 인공지능은 특정한 작업이나 문제를 해결하기 위해 만들어진 AI로, 한 가지 분야에 특화되어 있습니다. 예를 들어, 스마트폰에서 사용하는 음성 비서나 유튜브 콘텐츠를 추천해 주는 알고리즘이 이에 해당합니다. 이러한 AI는 정해진 역할 내에서 인간보다 뛰어난 성능을 보일 수 있지만, 다른 영역에서는 제한적입니다. 반면에 강한 인공지능은 인간과 유사한 수준의 지능을 가지고 있어서 다양한 문제를 스스로 학습하고 해결할 수 있는 AI를 말합니다. 아직 현실에서는 구현되지 않았지만, 영화에 나오는 인공지능 로봇을 떠올리면 이해하기 쉬울 거예요.

ⓠ 인공지능은 어떻게 작동하나요?

ⓐ 인공지능의 기본 원리는 데이터를 학습해서 패턴을 찾아내는 거예요. 복잡한 입력 데이터와 원하는 출력 결과 사이의 관계를 찾아내는 것입니다. 이를 위해 다양한 알고리즘과 기술을 사용합니다. 이렇게 학습된 모델에 새로운 데이터를 입력하면, 모델이 학습한 패턴을 바탕으로 결과를 내놓습니다. 이 원리를 응용해서 글쓰기, 그림 그리기, 음악이나 영상 제작 등 다양한 작업을 수행할 수 있습니다.

ⓠ 생성형 AI가 할 수 있는 일들은 무엇인가요?

ⓐ 기존에 학습한 데이터를 바탕으로 새로운 콘텐츠를 만들어내는 인공지능인 생성형 AI는 글, 이미지, 음악 등 다양한 형태의 창작물을 생성할 수 있습니다. 책에서 소개하는 챗GPT, 클로드 등은 글쓰기를 도와주는 텍스트 생성형 AI로 볼 수 있지요. 이미지를 생성하는 인공지능으로는 달리 DALL·E나 미드저니 Midjourney 등이 있습니다. 사용자가 입력한 프롬프트에 맞는 이미지를 만들어내는데, "하늘을 나는 자동차"라고 입력하면 그에 해당하는 그림을 생성합니다. 더 나아가 런웨이 Runway, 루마 luma 같은 서비스를 활용하면 영상도 쉽게 제작할 수 있습니다. 이 외에도 음악을 생성해 주는 수노 Suno, 유디오 Udio나 목소리와 효과음까지 생성하는 일레븐랩스 Elevenlabs 등이 있습니다.

◎ 책에 있는 프롬프트를 그대로 넣었는데 결과물이 다르게 나올 수도 있나요?

ⓐ 그럴 수 있습니다. 인공지능 모델은 검색엔진이 아니고 가장 근접한 결과를 추론하고 그 결과를 보여주는 것이기 때문입니다. 그리고 모델마다 각자 다른 특성이 있어 동일한 프롬프트를 넣더라도 모델에 따라 답변이 다르게 나오는 것이 정상입니다. 특정 프롬프트가 챗GPT에는 매우 잘 동작한다고 하더라도, 클로드나 제미나이 같은 다른 모델에서는 작동하지 않을 수도 있습니다. 그래서 잘 짜놓은 프롬프트를 활용하는 방법은 쉽고 편리할 때도 있지만, 간혹 모델이 업데이트되고 수정되면서 프롬프트가 무용지물이 되기도 합니다. 대표적으로 최근 나온 o1 모델의 경우 '생각의 사슬 CoT, Chain of Thought 기법'을 사용하지 않도록 경고하는데, 모델 자체에 관련 기능이 내장되어 있기 때문입니다.

◎ AI를 사용할 때 개인정보 보호는 어떻게 해야 하나요?

ⓐ AI 사용 시 개인정보 보호는 매우 중요합니다. 먼저 신뢰할 수 있는 AI 서비스를 선택하고 해당 서비스의 개인정보 처리 방침을 꼭 확인하세요. 민감한 개인정보나 기밀 정보는 AI에 입력하면 안 됩니다. 필요하다면 데이터를 익명화하거나 가명으로 대체하는 것도 방법입니다. 또한, AI와의 대화 내용을 저장하지 않도록 설정하거나, 대화를 마친 후 히스토리를 삭제하는 것이 좋습니다.

◎ AI로 만든 창작물을 사용하면 저작권에 걸리나요?

ⓐ AI를 활용한 창작물의 저작권 문제는 아직 명확하게 정립되지 않은 부분이 많습니다. 일반적으로 AI가 생성한 결과물에 대해 인간의 창의적 개입이 있었다면, 그 창작물에 대한 저작권은 AI를 사용한 사람에게 있다고 봅니다. 하지만 AI 자체가 저작권을 가질 수는 없습니다. AI를 학습시키는 데 사용된 데이터의 저작권 문제도 고려해야 합니다. 그래서 AI로 창작물을 만들 때는 사용하는 AI 도구의 라이선스 조건을 꼼꼼히 확인하고, 필요하다면 법률 전문가의 조언을 구하는 것이 좋습니다. 또한, AI의 결과물을 그대로 사용하기보다는 인간의 창의성을 더해 변형하거나 개선하고 수정하였다는 근거 자료를 보관하는 것이 추후 발생할 수 있는 저작권 문제에서 자유로울 수 있습니다.

Q AI 시대, 직장인으로서 어떤 역량을 키워야 경쟁력을 유지할까요?

A 세 가지 핵심 역량이 필요합니다. 첫째, AI를 이해하고 잘 활용하는 능력입니다. 둘째, 자신의 분야에 대한 전문성을 계속 키워나가야 합니다. AI는 도구일 뿐, 이를 제대로 활용하려면 전문 지식이 필수니까요. 셋째, 여기까지 완독한 독자라면 이미 경쟁력이 있습니다. 바로 '게으름에 대한 욕망'입니다. 한껏 게으르고 싶다면 어떻게든 효율을 찾아 할 일을 마치고 쉬고 싶다는 열망을 불태울 것입니다.

Q AI가 사회에 어떻게 사용되고 있나요?

A 고객센터에서 AI 챗봇을 통해 고객 상담을 자동화하고, 제조 업계에서는 수요 예측과 물류 관리에 활용하고 있습니다(벤츠, 제너럴 모터스, 삼성전자 등). 콘텐츠 시장에서는 AI를 활용해 광고 배너를 만들기도 하고(11번가, 롯데온) 인공지능을 활용한 예능 프로그램이 방영되기도 했습니다(SBS 〈세기의 대결 AI vs 인간〉). 게임 업계에서는 NPC(non-player character)의 답변을 더욱 자연스럽게 하는 데 사용합니다. 금융권에서는 투자자의 투자 성향에 따라 투자 상품을 추천하고 조언해 주거나 금융 거래를 분석하여 사기 거래를 식별하는 데에도 접목하고 있습니다(KB금융, 신한은행, 우리은행 등). 그 외에도 많은 산업 분야에서 AI를 도입하기 위해 연구와 실험을 이어가고 있습니다.

회사에서 몰래 보는

일잘러의
AI 글쓰기

1판 1쇄 인쇄 2024년 10월 21일
1판 1쇄 발행 2024년 11월 1일

지은이 한준구, 피넛
그린이 피넛
펴낸이 이재유
기획·편집 김아롬
디자인 design ko
펴낸곳 무블출판사

출판등록 제2020-000047호(2020년 2월 20일)
주소 서울시 강남구 언주로 647, 402호 (우 06105)
전화 02-514-0301
팩스 02-6499-8301
이메일 0301@hanmail.net
홈페이지 mobl.kr

ISBN 979-11-91433-66-1 (13000)